简明体育管理学教程

从群　李岷奇　编著

北京体育大学出版社

策划编辑　高云智
责任编辑　魏国旺
责任校对　赵红霞
版式设计　博文宏图

图书在版编目（CIP）数据

　　简明体育管理学教程/从群，李岷奇编著．--北京：北京
体育大学出版社，2018.3
　　ISBN 978 - 7 - 5644 - 2867 - 9

　　Ⅰ．①简…　Ⅱ．①从…　②李…　Ⅲ．①体育 - 管理学 - 高
等学校 - 教材　Ⅳ．①G80 - 05

　　中国版本图书馆 CIP 数据核字（2018）第 062565 号

简明体育管理学教程　　　　　　　从群　李岷奇　编著

出　　　版：北京体育大学出版社
地　　　址：北京市海淀区农大南路 1 号院 2 号楼 4 层办公 B - 421
邮　　　编：100084
网　　　址：http：//cbs. bsu. edu. cn
发 行 部：010 - 62989320
邮 购 部：北京体育大学出版社读者服务部 010 - 62989432
印　　　刷：北京虎彩文化传播有限公司
开　　　本：710mm×1000mm　1/16
成品尺寸：240mm×170mm
印　　　张：11.5
字　　　数：120 千字
版　　　次：2018 年 12 月第 1 版
印　　　次：2018 年 12 月第 1 次印刷
定　　　价：50.00 元

目录

CONTENTS

第一章　绪　论

第一节　体育管理学概述

一、体育管理学的形成

（一）体育管理与体育管理学的概念

体育管理是指体育管理行为的实施者实现体育管理的决策、计划、组织、领导、控制、创新的职能，创造和谐的环境，充分发挥各种体育资源的合力作用，实现既定体育目标的过程。

体育管理学是研究体育管理本质和规律的科学。

（二）体育管理学形成的影响因素

（1）体育事业自身需要发展，体育要发展必须处理好两方面的问题：一是体育与外部系统之间的关系；二是体育系统内部之间的关系。

（2）科学技术的发展为体育管理学的形成与发展提供了可能。

（3）现代经济管理理论和方法的发展成果对体育管理理论的辐射作用。

（三）体育管理学与管理学的关系

体育管理是伴随着体育事业的发展而逐渐发展起来的。体育管理学是由管理学分化出来的一门分支学科，体育管理学是建立在体育学与管理学这两门学科基础上的交叉学科。

二、体育管理学的演变过程

（一）萌芽时期（20 世纪 30 年代—50 年代前期）

体育管理学最早产生于美国，在 20 世纪 30 年代就有人开始将企业管理的原理和方法引入体育领域之中，这是人们对体育管理进行研究的开始。萌芽时期的研究处于自发阶段，没有形成统一体系。

（二）创立时期（20 世纪 50 年代中期—60 年代中期）

美国将体育管理学正式列为大学课程，开始培养体育管理人才。20 世纪 60 年代初，苏联和东欧一些国家在体育大学、院系中推出各自的体育管理学，标志着体育管理开始由经验层次上升至科学层次。

（三）发展时期（20 世纪 60 年代后期—70 年代后期）

专家学者从经济领域移植管理方法到体育领域，同时也开始了对体育管理自身规律的讨论。体育管理学的理论体系逐渐建立。

（四）成熟时期（20 世纪 80 年代至今）

人们对体育管理的认识，由重视学校体育行政管理、校级运动训练管理向重视职业体育管理、体育俱乐部管理等方面转移。体育管理学逐渐成熟。

三、我国体育管理学内容结构体系的变化

（一）影响我国体育管理学发展的主要因素

1. 现代管理理论的发展
从国外管理理论的学习到国内特色的体育管理学的形成。

2. 体育管理体制改革

从传统的侧重对竞技体育、学校体育和社会体育管理的研究，转换到对体育发展战略、体育运行机制、体育经济等多层次、多方位的研究，促进了体育事业管理部分的内容不断更新和扩充，使体育管理体制成为体育管理学的重要内容。

3. 体育科学理论的研究和发展

全民健身运动的不断发展，促使体育产业管理、体育信息管理等细分研究出现。城市社区体育、农村体育、职工体育、健身娱乐运动、老年人体育、民族传统体育等成为社会体育的新亮点。

4. 体育产业的发展

体育产业体系初步形成，使体育经济管理成为体育管理不可或缺的研究内容。体育职业化、市场化程度的提高，促进了体育文化业、体育用品业、体育建筑业等的发展。

（二）我国体育管理学内容体系的发展历程

我国体育管理学内容体系的发展历程表现在以下三个方面。

（1）体育事业管理的内容比例上升，基础理论的内容比例下降，管理理论与管理实践不断融合。

（2）体育事业管理的内容虽然总体上趋于一致，但侧重点各有不同，正在经历从整合到分散再到整合的发展态势。

（3）体育事业管理理论部分与体育管理体制改革方向一致，并日趋完善。

四、学习体育管理学的意义

（1）学习体育管理学，能够以科学的管理理论和方法来加强对体育实践的指导，并在实践中不断充实、完善体育管理学的理论体系，是加快体育改革、开创体育工作新局面的需要。

（2）学习体育管理学，能够促进体育工作的科学化和有序化进程，是提高体育管理效率、取得最大效益的需要。

（3）学习体育管理学，能够使体育管理者增强自身素质，提高决策和管理能力，是建设高水平体育管理者队伍的需要。

第二节　体育管理学的基本性质

一、体育管理学的性质

（一）体育管理学是一门交叉性边缘学科

体育管理学是用管理科学的知识来观察和解决体育领域的问题，表现为管理科学与体育科学的交叉。因此，体育管理学具有管理科学与体育科学的双重属性，是一门交叉性边缘学科。

就其认识论而言，体育学科体系中各个层次的众多科学理论是构建体育管理学认识论的主要基础；但同时，管理科学也为体育管理学认识论的构建提供了必要的补充。管理科学为体育工作者提供了观察、认识和解决体育领域问题的全新视角，改变了人们对体育现象的传统看法，丰富了体育管理工作者的认识论体系。体育科学的认识论体系只有和管理科学的认识论体系进行有机的交叉，才能构建出体育管理学的认识论体系。

就其方法论而言，现代管理科学体系中不同层次的科学理论、方法和技术都可以为体育管理学所借鉴，它们构成了体育管理学最基本的方法论基础。同时也必须看到，体育是人类特殊的实践活动，有其独特的、不同于其他领域的特点。人类在体育实践过程中总结出来的、对体育实践行之有效的管理方法（如对场地器材的管理、运动训练的管理等），是主要对工业和企业进行管理的现代管理理论所不具备的，同样是现代体育管理学的方法论来源之一。因此，在方法论上，体育管理学同样表现为管理科学与体育科学的有机交叉融合。

必须指出，不论是认识论体系还是方法论体系，都应强调体育科学和管理科学的有机交叉与融合。体育管理学的建立，不是将管理学的知识全盘移植到体育领域，也不是体育科学和管理知识的简单堆砌，而是那些适用于体育领域、能够提高体育管理效率的管理学知识，才能成为构筑体育管理学的原料，任何生搬硬套管理学原理和方法的做法，都是不可取的。

体育管理学是现代管理科学在体育领域的应用学科，是部门管理学。现代管理科学和现代体育学的有机交叉融合，既是体育管理学的基本范畴和理论体系建立的基础，也是体育管理学的发展趋势。

（二）体育管理学是一门综合性学科

虽然体育管理是人类社会的一种实践活动，但仅用社会科学的知识来解决体育管理问题是远远不够的，还必须借鉴自然科学、社会科学、思维科学、人体科学、心理科学、系统科学等众多领域的研究成果。只有综合运用多个学科的知识，才能揭示和反映出体育现象的复杂规律，才能取得满意的效果。例如，对体育场馆、器材的管理，追求的是如何利用最少资源取得最优效果的过程，显然要借助数学等自然科学的知识；对运动员训练过程的控制，应以人体科学的研究成果为基础；对运动员运动智能的训练管理，应参考思维科学和心理科学的最新进展；体育管理的目标是整体效果，追求"1+1>2"的整体观，这显然又是系统科学的研究范畴。因此，从这个意义上来讲，体育管理学是一门综合性科学。

（三）体育管理学是一门软科学

体育管理学研究的是体育系统的运行和衍化规律，研究如何协调人力、财力、物力等各种资源，借助管理方法、管理手段等充分发挥其潜力，以便创造和谐的管理气氛和发挥集体力量，取得最大的效益。体育管理学具有软科学的基本特点，属于软科学的范畴。

虽然体育管理学是一门软科学，但并不是说体育管理学只针对"软系统"问题进行研究。在体育管理学的研究范围内，既有对体育课的教学过程管理、对运动训练过程监控等"软系统"的管理（在此类问题上，人们没有最优结果的判别标准，从而也就无法得到最优结果。管理过程是一种追求管理者和被管理者都"满意"的过程），也有对场地器材管理、体育资金管理、体育产业管理等"硬系统"的管理（对此类问题，追求的是最优的管理效果，采用的方法也以精确的、严密的、规范的和逻辑的定量科学方法为主）。因此，体育管理学作为软科学，也应具有"硬功夫"。

二、体育管理学的学科位置与学科结构

体育管理学在科学体系中居于应用科学层次，形成了三维结构的学科体系。

（一）体育管理学的学科位置

体育管理学是以管理科学、体育科学、人体科学、思维科学等众多学科作为理论基础，以体育系统为研究对象的一门应用型学科。体育管理学包括学校体育管理、运动训练与赛事管理、群众体育管理、体育产业管理和体育信息管理等多项内容，属于应用学科。它以马克思主义为指导思想，以体育科学、管理科学、系统科学和人体科学等多学科为理论基础，运用控制论、运筹学、模式识别等多种技术科学，对体育实践进行管理，是承接理论与实践的重要桥梁。

（二）体育管理学的学科结构

和其他任何一门学科相类似，体育管理学也有自身的学科结构。体育管理学的学科结构为三维结构，以职能轴（决策、计划、组织、领导、控制和创新）、内容轴（学校体育管理、运动训练与赛事管理、群众体育管理、体育产业管理和体育信息管理）和层次轴（宏观体育管理、中观体育管理和微观体育管理）为三维，形成了体育管理学全面完整的三维立体结构。体育管理的每一项职能，均贯穿于体育管理的每一项分支内容之中，体育管理的每一个分支内容，都要体现体育管理的每一项职能。职能轴与内容轴构成了不同层次的体育管理，再考虑宏观、中观与微观三个管理层次，便构成了整个体育管理学。体育管理的理论、方法等，均是为了实现三维结构中不同层次体育管理的某一内容的职能而服务的。

三、体育管理学的学科特点

（一）历史性

现代体育管理学建立在研究管理学历史的基础上，是对前人管理实践、经验、思想、理论的扬弃和发展。体育管理的发展历史和前人对管理经验的理论总结，是建立现代体育管理的科学依据。

（二）社会性

体育管理学的社会性即体育管理学的制约性，指的是体育管理的两重性在现代管理学中有同样的反映。历史上的、国外的科学管理理论和方法，总是与当时的社会制度和阶级属性联系在一起，研究体育管理学时，要坚持用科学的方法，取其精华、去其糟粕。

（三）综合性

体育管理学是一门综合性很强的学科。体育管理学作为体育管理实践的理论指导，是建立在自然科学和社会科学基础上，吸收了多学科的研究成果和先进技术的一门综合性学科。此外，体育管理学还同其他许多学科，如政治学、伦理学、教育学、数学、环境科学、计算机科学与技术等有着密切的联系。体育管理学研究要广泛地从这些学科及其理论中吸收营养，才能不断地进步与成熟。

（四）适用性

体育管理学的适用性是指这门学科的实践意义，强调体育管理学是为体育管理者提供管理工作指导的实用性学科。体育管理学的研究要强调理论与实践相结合，既要注意在实践中总结和提炼理论，又要注意将提炼的理论应用于实践，并指导实践。

四、体育管理学的研究对象和研究方法

每一门学科均有其研究对象和研究方法。研究对象和研究方法所具有的特点是这一学科区别于其他学科的重要标志，体育管理学也不例外。

（一）体育管理学的研究对象

体育系统是一个庞大、复杂的系统，它存在于社会系统的大环境中，受到社会环境中各种因素的影响和制约，同时也以自身的力量影响着社会系统。体育事业的发展建立在社会政治、经济、文化系统的发展之上，并表现出一定的滞后性。随着人类物质文明的不断进步和人们对包括体育在内的非物质文化需求的不断增长，体育不断从分散的、自发的"小体育"状态向自觉集中的"大体育"状态过

渡，并以其独特的社会普适性（不分男女老幼、不分社会地位）、国际性（不分国界与肤色）、参与性（亲身参与）及陶冶情操的教育性（培养集体主义、爱国主义情感）等特点而成为人类社会中全球性的、规模最为巨大的文化现象之一。现代体育能够取得如此重大的成就，是与人们不断探索体育系统的管理规律，对体育系统进行科学管理分不开的。体育管理学，正是以体育管理的实施过程、体育管理过程的基本规律和一般方法以及体育管理的本质和结构为研究对象的科学，它是体育事业不断进步的动力所在。

（二）体育管理学的研究方法

体育管理学的研究，首先要以辩证唯物主义和历史唯物主义的方法论作为基础，要用联系的、发展的和全面的观点去分析问题的实质，要以实践作为检验理论的唯一标准，反对唯心主义和形而上学。一般说来，体育管理学常用的研究方法有以下几种：

1. 科学实验和调查统计的方法

通过科学实验、调查统计，进而总结经验，从而提高到体育规律的层次来认识体育管理。在使用此类方法时，可充分利用可控制的因素，对个别专门问题进行现场实验，探索其客观规律，通过调查研究和数量统计的方法进行理论分析，将得到的理论知识应用于实践之中，既指导了体育管理的过程，又能在实践中检验体育管理的规律，进一步丰富体育管理的理论体系。

2. 比较研究的方法

比较研究是体育管理学研究的重要方法。由于历史传统、文化渊源不同，各国的体育事业发展不尽相同，故体育管理的规律也有所区别。要发展我国的体育事业，不能闭关自守，而是要立足本国、放眼世界，用比较分析的方法去研究各国体育管理理论的优缺点，从中汲取适用的经验。此外，也可以在几种不同的方法中进行比较研究，从而确定最为经济、有效的办法。

3. 历史研究的方法

从中外体育史和体育管理史中总结经验教训，从而发扬过去的优点，摒弃过去的错误，探索发展的规律，推断未来的发展趋势。

4. 理论研究的方法

这种方法主要是探索体育管理的哲学基础、心理学基础，以及社会学、政治学、经济学、思维科学、人体科学和法律学等各门学科与体育管理学的相互关系，为体育管理学的发展提供必要的理论支持。同时，将系统科学、计算机技术、控制论与信息论等理论和技术运用到体育管理中，加强体育管理的科学性和理论性。

　　除上述方法之外，体育管理学还有许多其他研究方法，这里就不一一列举了。需要说明的是，各种研究方法只有互相补充、互相结合，才能更好地发挥作用。

第二章 体育管理原理

第一节 系统原理

任何社会组织都是由人、物、信息组成的系统（如学校、企业、军队等），任何管理都是对系统的管理，没有系统就没有管理。

系统泛指由一群有关联的个体组成，根据预先编排好的规则工作，能完成个别元件不能单独完成的工作的群体。系统分为自然系统与人为系统两大类。就其本质来说，系统是"过程的复合体"。在自然界和人类社会中，一切事物都是以系统的形式存在的，任何事物都可以看作是一个系统。

一、系统的特征

（一）集合性

集合性是系统最基本的特征。一个系统至少由两个或两个以上的子系统构成。例如，一个工业企业系统通常由研究开发子系统、生产子系统、销售子系统、管理子系统等组成。

（二）层次性

系统的结构是有层次的，构成一个系统的子系统分别处于不同的地位。系统和子系统是相对的。

（三）相关性

系统内各要素之间相互依存、相互制约的关系，就是系统的相关性。

二、系统原理要点

（一）整体性原理

系统要素之间的相互关系及要素与系统之间的关系以整体为主进行协调，局部服从整体，使整体效果达到最佳。

（二）动态性原理

系统作为一个运动着的有机体，其稳定状态是相对的，运动状态则是绝对的。掌握系统动态原理、研究系统的动态规律，可以使我们预见系统的发展趋势，树立超前观念、减少偏差、掌握主动，使系统向期望的目标顺利发展。

（三）开放性原理

实际上不存在一个与外部环境完全没有物质、能量、信息交换的系统。明智的管理者都应从开放性原理出发，充分估计外部环境与本系统的联系，努力扩大本系统从外部环境吸入的物质、能量和信息。

（四）环境适应性原理

系统不是孤立的，而是不断与外界发生联系的。环境可以施加作用于系统，系统也可施加作用和影响于环境。

（五）综合性原理

把系统的各部分、各方面和各种因素联系起来，考察其中的共同性和规律性。

三、系统原理的内容

若干部分按照某种方式整合成为一个系统，就会产生整体具有而部分或部分的总和不具有的东西，即系统的涌现性。它是系统的结构方式经过相互作用、相互补充、相互制约而激发出来的。管理实践中强调"整体大于部分之和"。系统原理主要着眼于考查系统的整体性，即体育管理主体从整体的角度，科学把握系统运行的规律，运用系统的管理方法、手段，实现体育系统目标的过程。

四、系统原理的应用

在体育管理中，应用系统原理的基本要求如下。

（一）局部与整体相结合

整体是由局部（部分，下同）构成的，整体统摄局部，局部支撑整体，局部行为受整体的约束、支配。因此，需要把二者有机地结合起来，在系统的整体观下建立对局部的描述，然后综合局部的描述以建立对整体的描述，即从局部走向整体，从整体走向局部。以学校体育管理子系统为例，它与其他类型的体育管理系统是相联系的。对这一子系统的认识，我们既要从整体的角度进行大教育、大体育的统筹，又要从局部的角度对体育课程、课外活动等进行具体考虑，实现学校体育工作的协调运行，从而达到自身功能和社会功能的实现。

（二）定性描述与定量描述相结合

任何系统都具有定性特性和定量特性两个方面。如果只有定性描述，对系统行为特性的把握难以深入和准确；只有定量分析，管理过程又会显得过于生硬，缺乏弹性。定性描述是定量描述的基础，定性认识不正确，定量描述会将认识引向歧途；定量描述是为定性认识服务的，可以使定性认识深刻化和精确化。在体育管理中，管理者应在正确认识定性描述的前提下，尽可能采用定量描述对管理过程进行精确安排，以便更加精准地组织和控制体育管理过程。

（三）系统分析与系统综合相结合

要了解一个系统，首先，要进行系统分析：① 要知道这个系统是由哪些要素和部分组成；② 要明确系统各要素之间的关联方式；③ 要进行环境分析，确定系统所处的环境和功能对象，了解系统与环境如何相互影响，以及环境的特点和变化趋势。其次，要进行系统综合。系统综合是指综合对局部的认识以求得对整体的认识，或综合低层次的认识以求得对高层次的认识。综合的任务就是把握系统的整体性。在体育管理过程中，要对管理系统进行综合分析，厘清各组成部分及各子系统间的关联形式，分析内外部环境，从整体上把握整个管理系统。在管理进程中，综合对部分或子系统的认识，以便更好地对整体进行把握。

第二节　人本原理

任何管理者都会在管理过程中影响员工人性的发展。同时，管理者的行为又是管理者人性的反映。组织的人力资源状况是组织能否成功的关键，在实施每一项管理措施、制度或办法时，不仅要考虑管理行为的经济效益，还要考虑对人的精神状态的影响，要分析它们是使员工精神状态更加健康、人性更加完美，还是起相反的作用。

一、人本原理的内容

"以人为本"是现代体育所弘扬的重要价值观念。体育发展的最终目的，不仅是使人的潜力和创造力获得全面发展，更重要的是提升人的价值观念。体育的发展要体现"以人为本"的主题，成为人、社会和体育可持续发展的积极动力。体育管理中的人本原理就是一切体育管理活动都以调动人的主观能动性、积极性和创造性为根本原则，使全体人员明确整体目标、个体职责及二者之间的相互关系，积极主动、有创造性地完成工作职责。

人本原理的核心观点：人是管理的核心所在，管理过程要依靠人，管理目标是为了人。

二、人本原理的应用

在体育管理中，应用人本原理的基本要求如下。

（一）满足人的生存需求是体育管理的前提

现代管理学认为，物质动力、精神动力和信息动力是推动管理系统向系统整体最优化目标发展，促使人高效率、创造性地完成工作任务的基本手段。其中，以满足人的生存需求为主要标志的物质动力，是最原始也是迄今为止最重要的方法。

新形势下，人们正经历着生活方式的转变，以及与新形势相适应的新价值观念的萌生。随着人们生活条件和生活环境的不断改变，体育成为个人、家庭、社会生活中的一种日常行为。体育活动构成人们衣、食、住、行之外的第五个生活要素。提高人的生活和生命质量的作用，使得体育成为人们基本生活的重要组成部分。

当然，体育管理不能只停留在满足人生存需求的低层次上，如果只满足人的生存欲望，并不能完全解决管理的所有问题。换言之，体育管理活动需要多种管理措施，满足人的生存需求只是进行体育管理活动的基本前提。只有解决好这个问题，其他措施才能顺利实施。因此，保障人最基本的生存权利是体育管理的先行条件。

（二）提升人的精神境界是体育管理的重要目标

精神性是人之所以为人的根本标志问题，也是管理活动中的核心问题。人之所以为人，就在于人有精神，有精神方面的需求、欲望。研究表明，管理效率高低、成效大小，与人的主观动机、思想状态、精神境界等都成直接的正比关系，人的精神需求得到恰当的满足，精神状态好，精神境界高，则其管理效率就高，成效就大。反之，其管理效率就低，成效也会令人失望，甚至可能产生消极作用，阻碍管理活动的正常开展。因此，在体育管理活动中，要以满足人最基本的生存权为基础，在管理体制、管理方式、管理手段上，要体现关注人的心理，重视人的精神需求，尊重人的个性展示与发展，实现人的自信、尊严和价值，这也是体育管理发展的必然趋势。

此外，体育本身就具有公平性和公正性，带给人可以自由发挥的创造精神和挑战生理极限的挑战精神，同时又具有要求人们具备服从集体的团队精神。将体育精神广泛应用于体育管理中，在管理过程中形成公正为怀、公平行事的管理风格，以求达到提升人的精神境界的重要目标。

第三节 动态原理

一、动态原理的内容

体育组织内外部环境都处在不断变化之中，因此，并不存在固定的体育管理模式。改革开放的深入和体育事业的发展，对体育管理工作提出了新的要求，管理理念、管理方法、服务对象等均已发生了很大变化，并且还会发生更大的变化。内外环境的变化要求管理者正视变化，并妥善进行管理的应对。管理实践反复证明，只有因情况不同而采取有针对性的管理举措才是有效的管理。动态管理原理是指体育管理者应不断更新观念，在处理管理问题时，避免僵化的管理思想和方法，不能凭主观臆断行事，而应根据环境条件的变化权宜行事。

二、动态原理的应用

动态原理的应用要求做到随机制宜和弹性管理两个方面。

（一）随机制宜

在管理实践中，任何特定的管理理论和方法都不能解决所有的管理问题，只能适应特定的管理活动。在体育管理过程中，必须从实际出发，不能犯教条主义错误，也不能仅凭主观臆断采取管理措施，而是根据管理对象、管理目标及内外部环境的变化，因时、因地、因人实施相应的管理。

（二）弹性管理

体育管理活动纷繁复杂，受多种因素的影响，而各种因素间又存在许多微妙的联系，这就要求管理者尤其是领导者在管理过程中应有弹性。在面对动态变化的内外部环境时，管理者要在运用各种管理手段和措施、周密计划和安排的同时，尽可能多地考虑各种因素，在做出决策和处理问题时，要考虑事物可能发生的变动，并留有调节余地。

第四节　效益原理

效益是体育管理永恒的主题。任何组织的管理都是为了获得某种效益，管理效益的高低直接影响着组织的生存和发展。

一、效益原理的内容

（一）效益的概念

所谓效益，是指在社会活动中，劳动的消耗与取得符合社会需要的劳动成果的对比关系，即有效产出与其投入之间的一种比例关系。效益可分为社会效益和经济效益。效益至少包含两层意思：①投入与产出的对比关系，这表明效益是一个相对化的概念。例如，在运动竞赛中，我们不能只看到所夺得金牌的数量和体育部门所办的体育活动的多少等体育产出指标，还应关注因为产出而在体育工作中所投入的大小。②产出（所得成果）必须符合社会效益。例如，对体育公共物品的供给必须满足群众体育的需求，否则只能造成资源的浪费，也就没有什么效益可谈。

（二）体育管理效益评价

体育管理效益分为经济效益和社会效益。一般来讲，经济效益较社会效益直接、显见。经济效益可以通过若干经济指标进行评价，而社会效益则难以计量评价，主要通过定性的方式进行评估。

经济效益评价主要针对经营性体育活动，可以通过货币化的投入与产出之比进行评价。例如，体育俱乐部可以通过其在一段时间内的投入所带来的产出评价其运行效益。此类可以直接用货币来衡量体育工作成绩的评价比较容易，关键是体育工作者在市场经济下要树立效益观念，不能让只注重结果的"政绩观"掩盖了"效益观"。

社会效益评价是投入与产出之间没有直接可比性的体育工作。管理者必须寻求另外的科学方法加以评价，并使之具有可比性。多数体育部门（如学校体育管理部门等体育事业单位）属于非物质生产部门，其效益主要表现在国家和社会投资于体育事业时所产生的效益，如推动社会进步，提高全民族健康水平，丰富社会文化生活及在精神文明建设中所发挥的作用和一些社会"副产品"等。

二、效益原理的应用

体育管理效益的实现必须遵循一定的规律，并处理好各种矛盾关系。

（一）正确处理局部效益和全局效益的关系

全局效益是一个比局部效益更为重要的问题，二者互为前提。如果全局效益差，则局部效益难以持久；没有局部效益的提高，全局效益也难以实现。例如，为了能在 2008 年北京奥运会上取得成绩，可以适度增加竞技运动的投入，但也不能忽视群众体育的发展，因为它关系到全民族的健康问题。

（二）正确处理当前效益和长远效益的关系

体育管理效益的实现，既要重视当前效益，又要重视长远效益。例如，在学校运动队的建设中，我们既要引进一些有经验、成绩好的适龄运动员，也要考虑长远效益，培养一些有运动潜质的年轻运动员作为队伍的后备力量。

（三）正确处理经济效益和社会效益的关系

体育管理效益的直接形态是通过经济效益表现出来的，而社会效益则是在潜移默化中体现的。经济效益的实现是社会效益实现的基础，而社会效益的提高又是促进经济效益提高的重要条件。例如，人的素质提高，是体育管理社会效益的表现形式之一，又会极大促进体育管理经济效益的提高。二者既有区别，又有联系，是一对统一的矛盾体。在体育管理中，必须坚持既讲经济效益，又讲社会效益。在体育部门完成特定职能的过程中，总是会消耗一定数量的人力、物力、财力资源，故不能忽视其经济效益；但体育部门的非营利性使其不能忽视对社会的责任。因此，体育管理工作必须兼顾其社会效益和经济效益。

　　总之，体育管理的局部效益和全局效益、当前效益和长远效益、经济效益和社会效益是客观存在的，只有正确处理好它们之间的关系，体育管理效益才能得到充分、全面的实现。

第三章　体育管理职能

第一节　体育管理职能的基本内容

掌握体育管理的基本职能是开展体育管理工作的基础。体育管理职能主要包括计划、组织、领导、控制和创新五个方面。

一、计　划

"凡事预则立，不预则废。"计划工作是管理的头等大事，在管理中应重视计划的制订，并掌握制订计划的科学方法和主要原则。

（一）计划工作的重要性

管理活动的目的是提高工作效率，实现效益最大化。提高工作效率的方式有多种，但明确的目标及周密的计划无疑是最基本的方式。目前，管理的规模越来越大，宏伟目标的完成需要周密计划的保障。计划是保障工作正常运行、提高效益和降低风险最行之有效的方法。计划是实现管理目标的基础，它先于其他管理职能的实施。虽然在管理过程中，计划是管理职能的先导，管理主体通过计划制订、明确实现计划目标所需要的组织结构、配备不同类型的工作人员、安排工作进度、采取相应领导方式，规定工作标准，并进行控制。

（二）目标管理

1. 目标及其制定

目标是目的或宗旨的具体化，是个人或组织根据自身的需求而提出的在一定时期内经过努力达到的预期成果。因此，目标能为管理决策确定方向，是衡量实际工作成效的标准。

（1）目标的性质

①方向性。目标指明体育组织或个人在一定时期内的发展方向。②层次性。从组织结构的角度看，由于目标具有不同的属性，从而使目标表现出不同的对应类型，因此，它是有层次的体系。目标可分为总体目标和具体目标、组织目标和个人目标、战略目标和战术目标、长期目标和短期目标等。③多样化。不论组织或个人，其所确定的目标往往是多个而非单个，即在目标体系中的每个层次上均有多个目标。④网络化。目标通常通过各种互为联系的活动相互影响、相互促进，最终得以实现。因此，目标会形成一个上下衔接、左右关联、互相支援、彼此协调的网络。

（2）目标的制定

目标的制定应遵循明确性、可衡量性、可接受性、现实性和时限性等原则。①明确性是指目标是可清晰描述的，能达成目标的标准明确。②可衡量性是指目标是可以通过一定方式进行衡量和评价的，一般要求能够量化。③可接受性是指目标的提出能够为员工所认同和接受，并愿意为之努力。④现实性是指目标经过一定努力是可以实现的，但也并非指目标要过于简单，而是应具有一定的挑战性。⑤时限性是指目标的完成有一定的时间限制，并强调目标达成的效率。

2. 目标管理

（1）目标管理的概念

目标管理指体育管理主体采用系统的方法，将多个关键管理活动有机结合，把组织的整体目标转换为各个工作单位和成员的目标，并通过层层落实和采取保证措施，最终高效地实现组织目标。

（2）目标管理的过程

目标管理的过程是指目标管理的实施与运作过程如下：①建立目标体系。实行目标管理，首先要建立一套完整的目标体系，由上而下逐级确定目标。上级制定的目标是建立在分析和判断基础上的初步目标，下级制定目标时要依据上级目标，与上级一起协商制定目标，最终形成一个完整的目标体系。②明确责任。给每个目标划分明确的责任，包括纵向、横向的责任。③组织实施。在实施过程中，上级领导的管理要多在指导、协助、提供信息情报、创造良好工作环境方面体现作用，激发执行者完成目标的主动性和创造性。④考评、反馈。采用定期检查、考核的方法检验各级目标的完成情况。

（三）计划工作

1. 计划的概念

计划是对未来体育活动进行的预先筹划。换言之，计划就是解决一个体育组织或个人怎么做及如何做的问题。它着眼于组织的未来，致力于保障组织发展的有序性，其目的在于合理有效地利用组织资源。

2. 计划的编制

计划的编制包括五个步骤：准备阶段、任务与目标分解阶段、目标结构分析阶段、资源预算阶段和制订实施细则阶段。

（1）准备阶段

计划是为了落实决策而制订的。因此，了解决策的特点和要求、分析决策的内外环境特点及决策执行的条件要求，是计划编制的前提和依据。

（2）任务和目标分解阶段

把决策的总体目标分解并落实到组织的各个部门和活动环节上，把长期目标分解为阶段目标。通过分析，确定组织各个部门在未来各时期内的具体任务及完成这些任务的具体要求。分解的结果是形成目标结构。

（3）目标结构分析阶段

分析组织在各个时期的具体目标和任务能否实现，能否保障整体目标的完成。

（4）资源预算阶段

把各项体育资源落实到各个阶段和各项具体计划的指标上，并做好综合平衡，留有余地。保证相应的人力、财力、物力和技术力量等对计划的支撑。

（5）制订实施细则阶段

用文字、数字、图表等形式将计划实施的过程、步骤、方法、措施、指标进度及必要的辅助性计划形成文件，并下达执行。

3. 计划编制的方法

本书主要介绍两种应用较广泛的计划方法：网络计划技术和滚动计划法。

（1）网络计划技术

网络计划技术是运用网络的形式进行计划管理的一种科学方法。其基本原理是：利用网络图表表示计划任务的进度安排，并反映出计划中各个组成活动环节的相互关系，通过计算网络时间，确定关键工序和关键线路，了解整个工作任务的全貌，通过对工作进行统筹安排，达到预期的目标。基本步骤如下。

第一步：根据计划活动的顺序绘制网络图。

第二步：计算事项的最早开始时间和最迟结束时间，标在网络图上。

第三步：计算工序时差。

第四步：确定关键线路。

关键线路决定完成计划的时间和质量，掌握和控制关键线路是网络计划技术的核心，在计划工作中应优先安排关键线路。

（2）滚动计划法

此方法是一种动态编制计划的方法。编制方法：在已编制计划的基础上，每经过一个时期（一年、一季度等），根据环境变化和计划执行情况及时调整并修正未来一个时期的计划。在每次编制或调整时，均将计划按时间顺序向前推进一个计划时期，即向前滚动一次。这样，使计划具有良好的适应性和连续性，确保计划目标的实现。

滚动计划法可以把近期计划和远期计划结合起来，使各时期计划有机衔接起来，而且根据环境条件的变化和计划实际完成的情况，定期对计划进行修订，充分发挥长期计划的指导作用，避免近期计划的盲目性。

（四）计划工作的主要原则

1. 限制因素原则

在选择备选方案时，准确识别并解决那些妨碍既定目标实现的限制性因素或关键性因素，有利于准确选定备选方案。

2. 灵活性原则

在计划工作中，应注意灵活性的运用，安排处理突发事件的应急措施，以减少突发事件带来的损失，但应注意灵活性的成本问题，结合其带来的效益，加以权衡。

3. 导向变化原则

导向变化原则是当人们越坚持某一条通向未来的道路时，定期对所发生的事件和所期望发生的事情进行检查就越是重要。这些检查是使事情向着某一既定的目标方向发展所必需的。

二、组　织

组织是指在战略目标确定的情况下，将实现目标所需开展的各项业务活动加以分类组合，并根据管理宽度原理，划分出不同的管理层次和部门，将完成各项活动所必需的职权授予各层次各部门的主管人员，以及规定不同层次和部门计划的实施，必须落实到组织的各个层次和岗位上。组织之间的相互关系是指由一定的人员按照一定的程序，为实现一定的体育目标而组成的合作统一体，是人们落实体育决策和体育计划，进行合作活动的必要条件。

（一）组织结构类型

结构类型是指组织要素的排列顺序、空间位置、聚集状态、联系方式及各要素之间相互关系的模式，是组织管理的体制。组织结构一般分为直线型组织结构、矩阵型组织结构和事业部制组织结构。

1. 直线型组织结构

直线型组织结构是体育组织结构的基本形式。它的特点是组织中各种职务按垂直系统直线排列，各级主管人员对员工拥有直接的一切职权。一个下级单位只接受一个领导的指令，上下级关系简单、明确、清楚。这种结构的优点是结构比较简单、权力集中、责任分明、命令统一、联系简捷。其缺点是由于所有的管理职能集中由一人承担，当管理者的知识能力有限时，可能会发生较多失误，下级成员缺乏必要的自主权、各部门联系较多、部门之间信息传递速度慢等。这些缺点只有在组织规模扩大时方能凸显出来。因此，直线型组织结构适用于小型组织或现场作业管理。

2. 矩阵型组织结构

矩阵型组织结构又称规划矩阵结构或规划目标结构，它是按职能划分的部门或按项目划分的部门结合起来组成的矩阵结构形式。

矩阵型组织结构形式特点在于：一个员工属于两个甚至两个以上的部门，打破了单一领导的原则。这种结构的优点是加强了各职能部门之间的横向联系，具有较强的机动性和适应性，使集权和分权恰当地结合在一起，有利于发挥专业技术人员的积极性和创造性。其缺点是由于矩阵型组织结构实行纵向、横向双重领导，易产生命令不统一的问题，从而滋生矛盾。此外，矩阵型组织结构还具有临时性特点，因而也易导致人心不稳，削弱员工对工作的责任感。矩阵型组织结构多适用于需要集中各类专业人员共同完成某个项目或业务的组织，尤其是一些从事设计或研发等创新工作的组织。

3. 事业部制组织结构

事业部制组织结构又称部门化结构或分权组织。它的特点就是把管理活动分为若干事业部。事业部是一个相对独立的单位，实行独立核算。事业部在内部管理上拥有自主性和独立性，设有相应的职能部门。事业部制组织结构采取"集中决策，分散管理"的原则，是由集权制向分权制转化的一种改革，其优点是组织高层领导摆脱了具体的日常管理事务，有利于集中精力做好战略决策和长远规划，提高了管理的灵活性、适应性、主动性和积极性。其缺点是职能机构重叠，造成管理人员浪费；同时，由于各事业部门均为独立核算，易产生本位主义，忽视组织整体利益；而且，由于职权下放，增加了事业部门之间的协调难度。这种结构形式多适用于规模较大、管理内容宽泛的组织。

（二）组织设计

组织设计是指为实现决策目标而对组织层次、部门和权责进行规划和分类。合理安排组织的管理层次、管理部门和管理权责三个相互联系的要素，是组织结构设计的主要任务。组建新组织、调整现有结构或是大幅度改变组织已有关系模式时，都应遵循一定步骤。组织设计的程序一般分为以下几点。

1. 确定组织设计的基本方针

根据组织任务及组织内外环境条件，确定组织结构设计的基本思路、设计原则和主要参数。

2. 分析职能并合理分工

分析为完成组织任务所需设置的各项管理职能，明确其中的关键职能，设计初步的总体管理流程，并合理分工，将工作划分为可由个人或小组完成的任务。

3. 组织结构设计

进行部门划分，设计组织管理体制，合理、高效地将任务加以组合，将员工和任务分别分组，进行部门划分。组织结构设计一般有两种方法：①自下而上设计法，即首先确定所需的岗位和职位，然后按一定要求，将各个岗位和职位组合成多个独立的管理部门，再根据部门多少和管理跨度要求，划分出管理层次；②自上而下设计法，即首先根据管理职能和管理跨度，确定管理层次，然后根据管理层次确定部门，最后根据每个部门所应承担的工作分解成各个管理职务和岗位。在实践中，通常将这两种方法结合使用。

4. 协调方式设计

设计组织结构框架内纵向、横向管理之间的控制与协调手段，指明组织中谁向谁汇报，这种部门之间的联系产生了组织的等级，有利于组织结构协调一致，有效实现管理的整体功能。在协调方式设计中，应考虑正式组织和非正式组织的不同，正确引导非正式组织。

5. 管理规范设计

建立机制，确定各项管理的工作程序、工作标准及要求等。将以上内容用规范的形式表现出来，成为员工必须遵守的行为规范。这一步将组织结构合法化和规范化，使各部门的活动协调一致，从而起到稳定和巩固组织结构的作用，并监控合作的有效性。

6. 人员配备

以上五个步骤工作完成后，组织结构设计基本完成，然后根据组织设计要求，配备各类管理人员和工作人员。

7. 激励制度设计

组织结构的正常运行还需要有一套明确的激励制度来保证，一般包括部门及个体的绩效评价、考核制度、激励制度等。

8. 反馈和修正

组织设计是一个动态过程，由于新情况的出现或前期设计不完善，都要求对原设计进行修正。因此，要将组织结构运行中的各种信息反馈到上述环节中，定期或不定期地对原有组织结构做出修正，使之不断适应新变化，并不断得到完善。

（三）组织工作的原则

1. 目标统一、组织高效原则

在明确组织工作目标时，要使目标有意义，就必须遵循目标统一、组织高效的原则，所有组织成员都围绕统一的组织目标做出应有的贡献，并且追求工作的最高效率，在统一目标的指引下用最少的投入、最短的时间获得最大的产出。

2. 管理跨度适宜原则

管理跨度的有限性是组织结构设计的基本依据。一方面，管理跨度有限，即一名管理人员所管理的人员和事务的数量是有限的，但是确切数量则因有关可变因素的影响而定；另一方面，管理跨度适宜，否则管理人员过多或过少，都不利于组织目标的实现。

3. 管理权限分明原则

在体育管理过程中：①应明确划分每位职员的权限，权限越清楚，责任越明确，落实越到位；②在权力与责任对等的情况下，下级应服从上级领导的管理，形成上下级负责制，一名职员只对一名上级汇报工作，减少矛盾指令的出现，增强职员个人对工作行为及绩效结果的责任感。

三、领　导

领导职能是与人的因素密切关联的，这是领导与计划、组织、控制等其他管理职能的显著区别。因而，领导行为过程具有较强的艺术性。

（一）领导的概念

领导是指挥、带领、引导和鼓励员工为实现目标而努力的过程。领导包括三方面的内涵。

（1）领导必须有员工或追随者。

（2）领导拥有影响员工的能力或力量，其不仅能够指导他人"如何去做"，而且能够影响他人"去做什么"。

（3）领导的目的是通过影响员工去实现组织目标。

在体育管理过程中，领导职能包括以上三方面的内涵。体育领导是指在体育管理过程中，指导和影响群体或员工的思想和行为，使其为实现体育组织目标而做出努力和贡献的过程。

（二）领导的作用

领导的作用不能简单地理解为某一领导人的作用，而是领导群体、领导班子的作用。其贯穿于整个管理过程中，并发挥决策、引导和指挥等重要功能。

领导的字面意思是指带领并引导员工明确向一定方向前进，但在实践中，领导的作用非常丰富。体育组织的领导者要树立领导权威，获得员工的认可与追随，需要通过决策、交流、激励、选拔人才等，引领员工共同实现组织的目标，并且为员工个体的发展创造良好的环境和条件。领导的作用集中体现在以下四个方面。

1. 引领作用

领导者必须认清形势，为员工描绘前景、指明目标及达到目标的途径，通过引导、指挥、指导或示范，促使员工最大限度地实现组织目标。领导者不只是去推动和督促，更是作为带头人引领组织。

2. 沟通作用

在体育管理过程中，信息不对称、产生分歧及行动偏离目标的现象不可避免。因此，领导需协调员工之间的关系和行动，促进信息和情感交流，提高组织的凝聚力，消除不同背景的员工对目标理解的差异，使他们向共同的目标努力。

3. 激励作用

行为科学研究表明，内在动机是产生行动并达成目标的根本动力。动机的形成需要激励，而激励是领导作用的重要方面。领导通过激励激发员工的动力，提高工作效率。由于激励与目标之间并不是简单的因果关系，因而领导者应合理地设置激励内容与方式，不断完善奖励制度，并将激励同整个管理系统结合起来，达到激励、鼓舞员工的效果。

4. 协调作用

由于员工的个人目标与组织目标、个体需求与组织需求并不完全一致，领导者需要运用各种手段调动组织中每个员工的积极性，将两者的目标结合起来。领导者把组织目标同员工的个人目标越能协调一致，则组织越有效果和效率。

（三）领导的素质

领导素质是决定领导作用发挥的基础，领导素质与领导绩效之间存在密切的相关性，具备领导素质不一定能成为好领导，但不具备领导素质一定不能成为好领导。体育领导的素质集中表现为思想、技能和身体方面的素质。

1. 思想素质

（1）具有正确的世界观、人生观和价值观。

（2）做一个正直的人，做事讲求原则，讲求民主。

（3）具有强烈的事业心和高度的责任感。

（4）具备现代化的管理观念与思想。

（5）实事求是，开拓进取，具有创新精神。

（6）热爱体育事业。

2. 技能素质

罗伯特·卡茨（Robert Katz）认为，领导者必须具备三种技能：技术技能（专业业务能力）、人际技能（处理人际和社会关系的能力）和概念技能（抽象和决策能力）。

（1）技术技能。①在掌握马克思主义的基本原理、社会主义基本经济理论的基础上，掌握中国特色社会主义经济的基本规律。②掌握组织管理的基本原理方法和体育管理的基本知识。③掌握心理学、行为科学、人力资源学等方面的知识，以便做好政治思想工作；激励员工，充分调动员工的积极性和主动性。④学会对权力进行合理运用。领导者行使权力和发挥领导作用的不同方式，会产生不同的效果。⑤具备组织、指挥和控制的能力，善于识别事务的轻重缓急，科学地分配时间，集中精力抓主要环节。

（2）人际技能。①具备沟通、协调组织内外各种关系的能力，鼓舞和调动员工的积极性和创造性。②具备领导变革和处理矛盾的能力，体育组织总是处在不断变化中，处理好变革与稳定的关系，因势利导促进体育组织的发展至关重要；另外，体育组织中经常发生矛盾与冲突，激发功能正常的冲突，减轻或化解对组织不利的冲突，都是领导者应具备的能力。③具备知人善任的能力，做到个人的正确使用与群体的最佳配合。

（3）概念技能。①具备较强的分析、判断和概括能力。②具备决策能力。决策能力实际上是多种能力的综合表现。任何正确的决策，都来源于周密细致的调查和准确而有预见的分析判断，来源于丰富的科学知识和实践经验，来源于集体的智慧和领导者勇于负责精神的恰当结合。因此，领导者要在具备其他能力的基础上，具备决策能力。

3. 身体素质

领导者只有具备良好的身体素质和充沛的精力，才能充分发挥领导才能。因此，良好的身体素质是当好领导的基础。

（四）领导的方式

领导风格、所处环境等决定了领导实现组织目标的方式不同，领导方式是领导者实现领导职能、发挥领导作用和实现组织目标的形式。体育领导方式一般包括专权型领导、民主型领导和放任型领导。

1. 专权型领导

专权型领导权力集中于领导个体，领导者运用领导权力通过强制、命令、纪律、惩罚等方式进行管理。专权型领导必须建立在权威、服从的基础上。此类领导方式可以快速执行领导决策，提高效率，但缺点也非常明显，组织行为仅体现领导者的意图，缺乏集体智慧的体现，易受到员工的抵触，长此以往，会降低组织的凝聚力。

2. 民主型领导

民主型领导权力集中于民主决策群体，主要通过民主的形式集中决策、民主协商。民主型领导要建立在信息对称的基础上。此类领导方式可以提高员工的决策参与度，集中集体的智慧，并激发员工完成任务的积极性和主动性。但是，在信息不对称及员工之间沟通不畅的状态下，易导致组织工作效率低下。

3. 放任型领导

放任型领导方式使领导权力处于真空状态，任由员工自主开展相关工作。放任型领导需要员工具有较高的自主性和自觉性。此类领导方式可以最大限度地发挥员工个体的创造力，但不利于对组织目标的掌控。

三种领导方式并不需要集中体现在一项领导活动中，领导者可采取专权型领导方式多一些，或是民主型领导方式多一些，或是针对不同的事项、员工采用不同的领导方式。例如，在体育赛事现场管理中专权型领导方式较多；在运动训练过程中，集中教练员、科研人员、运动员多方面的资源中采用民主型领导方式较多；而对个别较高水平的运动员、教练员的管理，放任型领导方式较多。

（五）领导的艺术

领导艺术是体育领导者在把握体育规律的基础上，实施高效性、创造性和科学性的领导活动所需的综合技能的体现。

1. 决策艺术

决策是体育领导者最为重要的职责。在体育管理中，决策艺术表现为科学决策、民主决策和落实决策。①科学决策是体育领导者在占有大量信息的基础上，利用现代化的技术和手段，保障政策科学性和正确性的艺术。②民主决策是指体育领导者充分发挥集体智慧的作用，促进员工参与决策，提高决策民主性的同时，保证决策的认可度。③落实决策是指体育领导者不仅重视决策的制定，更重视决策的落实和执行，防止决策工作虎头蛇尾，打造"言必信、行必果"的组织文化。

2. 用人艺术

掌握用人艺术是领导最为基本和关键的素质。体育领导者用人讲求用人所长、用人不疑和善于授权。尺有所短，寸有所长，体育领导者应熟悉员工的优势与劣势，将不同的员工安排到各自最为擅长的领域，而不是仅关注个体的缺点。用人不疑，疑人不用，体育领导者应信任员工，为其创造发挥聪明才智的空间。领导者的精力是有限的，应将相应的职权授予员工，方能调动其积极性，同时提高工作效率。

3. 激励艺术

激励艺术是指激发员工保持积极向上的组织文化。在激励过程中，应做到适时激励、因人激励和多元激励。激励应选择恰当的时机，事前提出目标，事后及时兑现。激励是对个体动机的激发，不同个体的动机并不一致。因此，根据个体的不同应采用不同的激励方式。激励不能一成不变，应采用物质激励、精神激励和综合激励等多元激励方式，保持激励的有效性。

4. 协调艺术

协调是无处不在的领导艺术。体育领导者应做到有效沟通、适度竞争、及时调整。沟通是组织内部信息和情感交流的过程，有效沟通可以促进组织目标的实现，提高工作效率。领导者应保证组织内部信息的畅通，创造融洽互信的沟通氛围。当然协调并非消除竞争，保持组织一定的张力，使员工处于适度竞争的状态下，可提高组织运行的效率。协调是动态的过程，领导者应根据组织运行的具体情况，及时调整，保证协调的有效性。

四、控　制

组织是耦合运行的复杂系统，是为达到一定目的由许多相互关联要素（子系统）组成的有机整体。组织既有众多内部子系统，又面临外部复杂环境。系统复杂化导致管理中各种问题层出不穷，为保持组织的有效运行，管理者需对组织内外部的影响因素进行控制，对组织活动及其实施过程进行控制，以提高组织的效率和效益，达成组织的目标。

（一）控制的定义

控制是管理的重要职能，它可以落实到每件事、每个人、每次行动的监督和调整。因此，控制是指依据计划检查、衡量计划的执行情况，并根据偏差调整行动或调整计划，做到凡事都明察秋毫，凡事都在掌控之中。

控制在管理中的作用体现在两方面：一是起检验作用，检查各项工作是否按计划进行，同时也检验计划的正确性和合理性；二是起调整作用，调整行为或计划，使两者相吻合。因此，控制是计划得以完成、目标得以实现的基础保证。

（二）控制的过程

管理控制过程可分为三个阶段：确定控制标准阶段、衡量实际成效阶段和分析并纠正偏差阶段。

1. 确定控制标准阶段

控制标准的确定是控制有效实施的关键。没有切实可行的标准，控制就可能流于形式。

控制标准有定量和定性两大类。定量标准分为：①实物数量标准，如奖牌数量、训练投入等；②货币标准，如成本、收入等；③时间标准，如训练周期、训练时间等；④综合标准，如成才率、投资回报率等。定性标准只能通过一些定性描述来体现，具有一定的弹性，如信誉、工作能力等。

2. 衡量实际成效阶段

此阶段的主要内容是将实际工作成绩和控制标准相比较，对工作做出客观的评价，从中找出偏差及偏差产生的原因，以便制订纠正措施。在衡量绩效过程中，关键的一条原则是把握反映有关工作情况的各种信息的及时性、可靠性和有效性。信息的及时性是保证适时地发现和解决问题的基础。

3. 分析并纠正偏差阶段

纠正偏差，首先要找出发生偏差的原因，这也是控制过程中的一个重要环节。一般造成偏差的原因有三类：①计划操作原因；②外部环境发生重大变化；③计划不合理。在分析偏差产生原因的基础上，对偏差进行纠正，使工作返回正轨。

（三）控制的基本类型

根据时间节点的不同，控制可分为预先控制、现场控制和事后控制。

1. 预先控制

预先控制，即在系统运行的输入阶段就进行控制，也叫前馈控制。预先控制能"先发制人"，事事想在前面，准备在前面，把握将来的发展势态，把偏差消灭在萌芽状态。这种控制损失最小，效率最高，但它需要充分的信息、准确的分析预测和科学的决策。它是最科学、最经济的控制方法，同时也是最难把握的方法。

2. 现场控制

现场控制是在计划执行过程中进行同步控制。现场控制能及时发现偏差，及时纠正偏差，立竿见影，使损失控制在较低程度上，是一种经济有效的方法，但对控制管理人员的素质要求较高，要求其有敏锐的判断力、快速反应能力和灵活多变的控制手段。现场控制因为能即时处理有关情况，特别适用于基层体育管理人员，而充分授权是实现现场控制的基本保障。

3. 事后控制

事后控制，即在计划完成后进行控制，也叫反馈控制。事后控制是在系统运行产生结果之后，用预定的标准去衡量最终的结果，找出偏差，分析原因，为改进下一步的行动提供依据。事后控制有一个致命的弱点，即滞后性，易贻误时机，增加控制的难度，而且损失往往已经发生了。另外，事后控制是通过信息反馈及行动调节来保证系统的稳定性，这就要求反馈的速度必须大于控制对象的变化速度，否则系统产生震荡，处于不稳定状态时，控制便难以发挥作用。事后控制虽然有一定的不足，但常常是采用的唯一控制手段。

（四）控制职能的主要原则

控制职能的目的就是对工作的实际情况与计划中所要达到的状况进行比较，采取管理措施，纠正潜在的偏差或已存在的偏差，使得计划顺利实施。在行使控制职能的过程中，应遵循以下原则。

1. 未来导向原则

在控制职能实行中，应关注未来，以未来的目标为导向，依据未来趋势设置衡量标准，并对各项事务进行控制。如以预先控制为例，在预先控制中，要预测未来可能出现的各种情形，并采取相应的控制措施。因此，在实行控制职能时，越是以预先控制为主，即在实际工作开始之前依据对未来的预测采取预防措施，越能减小计划与执行的偏差。

2. 责任原则

控制的对象包括人和事物，但归根到底还是对人及对人的行为的控制，并且只有将控制以责任的形式落实到人，才能做到有效控制。控制过程中，应明确控制的主体和对象，并明确落实每一位员工的责任，即谁来控制、控制什么和谁的责任。同时，在授权、任务委派及实现某些目标方面项目主管人员责无旁贷，因此，对这些工作的控制势必要由每名主管加以掌管，只要组织结构不变动，个别管理人员的责任便不得被放弃或取消。

3. 高效原则

控制不是为了控制而控制，必须考虑控制的成本。如果在行使控制职能时，以最小的人力、物力、财力，运用恰当的技术和方法，找到造成实际工作与计划相脱离的原因，并及时地加以纠正，高效地完成任务，则控制职能的运用是有效的；反之，如果控制成本过大，控制取得的效益等于或低于控制成本，则是无效和多余的。

4. 预防性原则

在管理过程中，使得实际工作与计划出现偏差的往往是管理者，他们会犯各种错误。因此，管理者的素质越高，对错误做出反应越快，就越能迅速地采取纠正措施，直接控制的需要便越少。遵循预防性原则，聘用高素质、有经验的管理者，及时发现偏差，及早采取措施预防偏差，是防患于未然的最佳控制方式。

五、创　新

计划、组织、领导和控制是保证组织目标实现必不可少的环节，但从某种意义上来说，它们属于管理的"维持职能"，其任务是保证系统按预定的方向和规则运行。但体育生存于动态的社会大系统中，仅有维持是不够的。在文化、经济和科学技术迅速变化的大环境下，不可预知的因素将司空见惯，变化是最为普遍、最为空前的现象，组织必须正视这种变化，并有效地做出反应，以适应环境变化的要求，这就要求在管理过程中行使创新职能。

（一）创新的相关概念

1. 创造性思维

创新的基础是创造性思维。韦特海默（Wertheimer）认为，创造性思维包括两个方面：①将我们关于某一现象的知识拆开、解构；②将其重构、重组，其目的是获得新的洞见和新的认识。在观察和认识同一情景时，运用不同的方式和方法进行反思和体会，思考对这一情境的理解路径，再将形成的解决方案加以组合，创新就产生了。因此，创造性思维是一种创新的思考方式和思维活动。

2. 创新精神

创新精神是指运用创新思维实现方法、知识、理念等创新的一种综合心理特征，是创造性思维得以发挥的推动力。培养员工的创新精神，将有利于组织中每个创造主体发挥创造性思维和创造力。

3. 创新氛围

创新氛围主要是针对组织环境而言的，是指有利于创新思维涌现、创新活动实施、创新成果实现的组织环境。良好的创新氛围有利于管理者将创新理念高效地传达给员工，有利于创新意识的培养和创新精神的形成。创新氛围是影响组织创新能否获得成功的重要因素，不同的组织氛围会产生不同的结果。

（二）管理创新的一般过程

管理创新一般可分为以下六个阶段。当然，并非每一种创新都要经过这六个阶段才能实现，有些阶段之间并未明确区分或相互结合，或者从中间某个阶段开始，例如，有时可从寻求创意开始。从哪个阶段开始，取决于所占有的信息、时间及周围的环境条件。

1. 寻求目标

这一阶段是一种批判性解决问题的活动。需要确定一个问题域，因为不同的目标往往反映出人们对问题的不同理解。开始时，通过发散思维尽力想象所面临的一系列问题，接下来开始聚合性思考，对进一步探索而言，哪些问题最妥当呢？在转向下一阶段之前，必须确定关键性问题（焦点）及关键性的问题域（热区）。思考的主要内容包括：①所有权：有动力去解决它吗？②优先权：这个问题的重要性如何？③紧迫性：解决这个问题的急迫程度如何？

2. 确定事实

这一阶段将增加对问题的总体理解。在这一阶段中，焦点和热区的方法仍可用来促进聚合思维。确定事实，有助于收集恰当的资料，有可能使组织以新的视角看待先前确定的问题，以激发独特的想法。

3. 识别问题

识别问题是非常重要的创新活动。在上一阶段集中起来的焦点问题上，对体育管理问题进行富有建设性的界定。其目的是为焦点问题提供一种新的考察视角。一般有两种专门技术可以利用。

（1）再定义技术

这里主要介绍两种方法：边界检验法和目标定向法。

①边界检验法：是由爱德华·德·波诺（Edward De Bono）在 1970 年提出的。使用这种技术的目的在于重构对问题的假设，以打开对问题新的审视角度。主要包括四个步骤：写出问题、列出关键词和短语、确认重要含义、记录新的定义。

②目标定向法：由图德·里卡兹（Tudor Richards）于 1974 年提出，这种技术能提供一种思考问题的方法。首先，对问题进行一般性描述，确保其涵盖所有相关信息；其次，确认要实现的目标（要求）及实现这样的目标可能会遇到的障碍（阻力），阐明受到的限制条件；最后，根据以上所获得的信息，对原始的问题陈述进行重新定义，并将各种可能的新定义记下来。

（2）分析技术

常用的分析技术包括可分解矩阵法和维度分析法。

①可分解矩阵法：由希尔伯特·西蒙（Herbert Simon）于 1969 年提出。问题的主题可被视为复杂的、层次化的系统，对这样的问题主题可以将其分解为各种亚系统，然后再加以分析，此过程主要包括以下几个步骤。

第一步：确定问题是否可由亚系统进行分析。

第二步：列举出主要的亚系统及其组成要素。

第三步：建立由亚系统及其组成要素组成的矩阵。

第四步：对亚系统内每两个亚系统之间相互影响的关联性程度进行估计，估计时一般采用 5 分制标准。

第五步：选择相互影响的权重最高者，作为进一步分析或刺激创新的基础。

②维度分析法：由詹森（Jensen）于 1978 年开发成功。这种方法的用途是解释及探究问题的维度和限度。它着重研究问题的五项要素：实在性、空间性、时间性、数量性及质量性。其基本过程有五个步骤。

第一步：陈述问题。

第二步：以"为什么""何处""何时""多少""多么严重"等形式的问句对问题进行描述，并记录下描述。

第三步：运用描述寻找每一维度上的问题答案。

第四步：对问题的回答进行评价，评价的依据是在问题解决中的重要性。

第五步：选择与问题最为贴切的部分作为进一步分析的对象。

4. 寻求创意

这一阶段是结构化的，通过结构化来寻求解决问题的潜在路径。在这一过程中，发散思维活动将借助各种创意激发技术引出更多的想法、主意及观点。此阶段的技术主要有头脑风暴法、集体研讨法、画脑思维图法。

5. 创意评估

有的创意比其他的更为突出，更适合于要解决的问题。因此，这些创意是相当容易被评价的。但有时，我们会产生几个或许多创意，并且难以确定究竟哪个创意更好，或者是当实现创意的资源不足时，仅想使很小的一部分创意付诸实施。这时就必须对获得的创意进行分级评价，以确定最终的创意。主要的评价方法有城堡法、权重法。

（1）城堡法

城堡法分五个步骤：①确定时限；②参加评价的人员从可接受性（满足资金和时间条件的程度）、首创性（满足既定目标的程度）、实用性（原有的内容做出了多大程度的改进）三个标准对每一种创意做出评价；③统计创意的个数，根据创意总数制作选票，并发给每位参与人员，投票时以"是"或"否"进行表决；④进行投票；⑤将获得积极性票数（"是"的选票）最多的两个创意结合起来，组成一个新创意或新想法。

（2）权重法

权重法分为三个步骤：①制作评价标准表，为每种标准分配一定的权重；②根据标准对各个备选方案打分定级；③用所打的分数乘以标准的权重，并把各项标准的乘积相加得到一个总分值，总分值高者为最终选定创意。

6. 创意实现

界定问题、激发灵感、评估创意只是解决问题的一部分任务，使创意付诸实施还需走较长的路。因为创意代表着新的思想或想法，在实施过程中，肯定会与旧的观念发生碰撞、产生摩擦，遇到各种阻力。这就意味着，克服这些阻力和障碍将是解决问题的关键。

创意实现可能面临的障碍主要表现在：缺乏实现创意的足够资源、缺乏对创意实现的赞同与动力、拒绝变革、程序性障碍、设想与实施创意的风险、潜在的政治势力、缺乏组织内的合作意识或信任感等。因此，在确定创意的价值后，组织的管理者有责任扫清障碍，最终保证创意的实现。

（三）创新活动的组织

创新活动不仅是管理者或领导者的创新，更主要的是组织员工参与创新。创新活动的组织，不是计划和安排某个员工在某个时间从事某种创新活动，而是要为员工的创新提供条件、创造环境，有效地组织系统内部的创新。

1. 让组织接受变革

必须让员工相信，无论是组织还是个体都可以从变革中受益，如果让员工参与变革决策，在变革计划和实施中处理好个人利益与集体利益、短期效益与长远效益等问题，员工会对变革更有信心。

2. 积极鼓励提出新思想

管理人员往往是保守的，他们认为"系统的活动不偏离计划的要求"便是优秀管理的象征。管理人员必须自觉地带头创新，并努力为员工提供和创造一个有利于创新的环境，积极鼓励、支持、引导员工进行创新，形成从上到下、从语言到行动积极欢迎新的方法和思路的氛围。为鼓励创新精神，管理人员必须倾听员工的建议和意见，汇总并形成实施方案，向上级汇报。

3. 创造促进创新的组织氛围

给予员工与同事及其他部门员工交流的机会，营造宽松、富有创造力的组织氛围。使每位员工都树立"无功便是有过"的新观念，认识到创新的重要性，不能简单地重复工作，应鼓励探索新的方法，找出新的程序，不断地去探索、去尝试。

4. 制订有弹性的计划

创新需要思考，思考需要时间。把每个人的工作日程都安排得非常紧凑，对每个人都实行"满负荷工作制"，创新的许多机遇便会错失，创新的构想也无条件产生。因此，为了使人们有时间去思考，有条件去尝试，组织制订的计划必须具有一定的弹性。

5. 明确创新目的，同时给予充分自由去达到目的

组织领导必须对创新变革有明确的目的和方向。为变革提供指导方针和合理投入变革和创新活动中的时间、资金，不过多干预员工具体的做法。

6. 建立合理的奖励制度

强化理论认为，人的行为得到重复性有利反馈时会得到强化，创新动机得到奖励也会不断强化。为此，激励员工持续性创新，必须要对创新成果进行适度的奖励，以激发员工个人的成就感、自我实现的需要，形成主动创新、组织奖励、自我实现再到主动创新的良性循环。否则，缺乏奖励导致了创新动机的负强化，创新氛围会逐渐消失。

7. 宽容对待失败

创新是一个充满失败和不确定性的过程，管理人员尤其是领导者应允许新的方法或思路出现，允许失败出现，并且给予积极鼓励。

第二节　体育决策

一、体育决策与职能的关系

传统的管理学将决策职能包含在计划职能中，认为决策工作是计划工作的一个环节。随着决策学的问世及决策理论研究的发展，决策趋向于从计划职能中分离出来，与计划相比，决策是主导性、宏观性和决定性工作，而计划则是执行性、专业性和普遍性工作。因此，本节专门介绍决策，并探讨决策与体育管理职能的关系。

（一）体育决策的概念

狭义的决策就是做出决定的行动，或者说是为了解决某个问题从多种可供选择的方案中做出抉择的过程，即通俗所讲的"拍板"。广义的决策是一个发现问题、分析问题和解决问题的过程。因此，体育决策就是指在体育管理中个体或组织为了达到一定目标或目的，在预测基础上按照最优化要求，选择方案或策略并实施的过程。

（二）体育决策与职能的关系

以体育管理行为分析，体育管理主体依据体育管理原理做出决策，利用体育管理职能实施体育管理决策，决策是处于管理原理与管理职能之间的中间层次。

1. 决策是职能的重要前提

在体育管理过程中，体育管理职能是围绕管理战略目标展开实施的。体育管理主体通过决策，明确组织的发展目标、发展方向和重大事项的统筹安排，这为体育管理职能的实施提供了依据和标准。因此，决策是体育管理职能实施的重要前提，是管理职能实施的最终目标。

2. 职能是决策的执行路径

体育管理决策的实施离不开计划、组织、领导、控制、创新这五项职能，决策的落实需要通过计划职能统筹安排，利用组织职能进行最优化的人员配备、职责划分，利用领导职能将决策落实到组织与个体行为中，利用控制职能保证组织目标不偏离正轨，利用创新职能提高资源利用的效率。因此，决策需要管理职能的分解与落实，职能是决策的执行路径。

3. 决策与职能之间的互动反馈

决策决定了职能的目标和任务，职能落实了决策的部署和安排。体育管理实践之中，决策与职能存在互动反馈的关系：一方面，决策过程需要考虑职能是否可以落实决策，并对职能的运行进行谋划，提出计划、组织、领导、控制和创新的关键要素；另一方面，在体育管理职能落实的过程中，需要考查职能运行是否与决策的目标一致，并将考查结果反馈到新一轮的决策中。

二、体育决策的种类

决策种类的不同决定了决策方法、决策过程的差异化，从不同的角度进行分类研究是分析决策方法、决策过程的重要基础。

（一）程序化决策和非程序化决策

按决策过程的不同，可以将体育决策划分为程序化决策和非程序化决策。

1. 程序化决策

程序化决策又称常规决策，指对经常重复出现的例行公事所做的决策。如体育赛事管理中办公用品的采购、门票的销售、运动竞赛的举办等都是程序化决策。

2. 非程序化决策

非程序化决策又称非常规决策，是指对不经常出现的、无先例可循的活动所做的决策。一般来讲，越是高层决策机构，面临的非程序化决策越多。此类决策正确与否，效果如何，主要取决于决策者的经验和判断分析问题的能力，体现决策者的首创精神。例如，国际奥林匹克委员会决定将2008年夏季奥运会的主办权授予北京，而不是柏林或曼彻斯特，这种决策可认为是每位国际奥委会委员投票时进行非程序性决策的结果。

（二）战略决策和战术决策

按决策重要程度的不同，可以将体育决策划分为战略决策和战术决策。

1. 战略决策

战略决策是对体育组织发展方向有关的大政方针政策的决策。一般体现于时间长、范围广、意义重大的全局性问题，如奥运争光计划、全民健身计划等。战略决策的正确与否，直接决定组织的发展方向和结果的成败。

2. 战术决策

战术决策是为实现战略决策要求，对体育组织系统中某一阶段的重大问题做出的决策。如体育场馆建设、兴奋剂的检测等。战术决策是战略决策的具体体现，是实现战略决策的保证。

三、体育决策的制定过程

科学决策是一个动态的系统反馈过程，由一定的步骤和程序构成，在实践探索的基础上，将体育决策制定的过程分为五个步骤，下面以体育彩票的发行为例分别进行阐释。

（一）研究现状，发现问题

问题是决策的起点，决策是为解决问题而进行的。因此，科学决策首先要研究体育组织的现状。体育组织的内外部环境处于变化中，研究组织现状及存在的问题，有利于做到知己知彼、有理有据和有的放矢，提高决策的合理化程度。在体育彩票发行前，应首先对彩票发行的必要性和可行性进行研究，并借鉴国内外发行体育彩票的成功经验。

（二）确定明确具体的目标

确定目标是科学决策的前提，不仅为方案的判定和选择提供依据，而且为决策实施、控制组织资源配置和各种力量的协调提供标准。确定决策目标应做到：①决策目标必须明确而具体；②明确决策目标是否带有附加约束条件；③明确决策目标实现程度的具体标准；④分清决策目标的主次。体育彩票发行前，应确定不同地区、不同时间的发行种类和数量以及彩票公益金的提取和使用等。

（三）拟定备选方案

决策在于优中选优。因此，在目标明确后，需制订多种备选方案，备选方案要尽可能详细。备选方案的决策质量的高低，主要取决于备选方案的质量水平。决策方案是组织为实现目标而拟采取的具体措施和步骤。为使方案选择有意义，使决策尽可能完善，不同方案必须相互替代、相互排斥，而不能相互包容，每个备选方案要具有独立性。体育彩票发行前，在前期接纳社会各界意见的基础上，组织专门的研究团队，深入研究发行体育彩票的若干方案，拟订备选方案。

（四）评价和选择方案

拟订备选方案后，需要对各种方案进行评价和选择。

1. 评价阶段

①对方案的可行性进行评估；②评价方案实施对组织带来的效益；③评估方案实施中可能遇到的风险及方案可能失败的概率。

2. 选择阶段

选择是对评价结果进行比较权衡，选定最优方案的过程。此过程是决策的核心环节。选择方案时要追求最优目标。体育彩票的发行备选方案制订后，在专家和社会各界人士进行科学评价的基础上，决策选择最优方案。

（五）方案的实施与控制

决策方案选定后，通过规划、计划向执行系统发出指令，落实决策方案。方案执行过程中，需要考虑实施方案可能出现的问题及应急措施；加强反馈与控制力度，通过对方案执行过程和结果的反馈，及时检查、验证决策执行情况。对没有达到预期效果的项目要找出原因，一般有两种原因最常见：①决策执行不到位，执行力度不够；②决策存在问题，没有达到预期结果，这时必须对决策方案进行修正。如客观条件发生重大变化，以致影响既定目标的实现，就必须对原有方案进行根本性修正，重新决策。在彩票发行中，通过多种媒体、多种方式和途径进行宣传，确保彩票的销售，同时对方案进行监督检查，及时发现问题，并加以修正。在决策过程中之所以增加控制实施环节，是因为决策活动是一个"决策－执行－再决策－再执行"的连续循环的动态过程。

四、体育决策的方法

随着决策理论和实践的不断发展，决策过程中所采用的方法也不断发展和完善。体育管理中决策的方法可归纳为三大类：定性决策方法、定量决策方法、定性与定量相结合的决策方法。

（一）定性决策方法

定性决策方法又称"软"方法，是直接利用决策者本人或有关专家的智慧，通过各种有效的组织形式、方法等措施，促使专家或决策者发挥智慧与潜能的决策方法。定性决策方法灵活简便，适应性强，较多地应用于影响决策的随机因素多且难以进行的情况，其缺点是易受群体知识结构倾向性的影响。常见的定性决策方法有专家会议法、德尔菲法、头脑风暴法和电子会议法等。

（二）定量决策方法

定量决策方法又称"硬"方法，是运用数学模型和计算机技术，对决策对象进行量化和计算，以解决决策问题的方法。定量决策方法的核心是根据决策有关的定量与变量、变量与目标之间的关系用数学关系表示，即建立数学模型，通过计算求出答案，供决策参考。随着计算机技术的发展，数学模型在体育管理活动中有广阔的发展前景。常见的定量决策方法有价值分析法、线性规划法、悲观决策法、乐观决策法、最小后悔值法、期望收益法和决策树法等。

（三）定量与定性相结合的决策方法

此类决策方法就是将定性和定量结合运用的决策方法，如定性判断与定量模型相结合的方法，即运用定性决策方法进行问题性质、方向正误等方面的判断，在定性判断的基础上，运用定量模型进行数学运算求得最佳的决策方案。

第四章 体育管理方法

体育管理方法是指在体育管理活动中，为实现体育管理的目标所采取的各种手段和措施。体育管理方法与体育管理原理是相互联系、相互作用的。体育管理原理只有通过管理方法才能在管理实践中发挥作用。管理方法是管理原理的自然延伸和具体化、实际化，是管理原理指导管理活动的中介和桥梁，是实现管理目标的途径和手段。在吸收多学科知识的基础上，管理方法已逐渐形成了相对独立的内容体系。

第一节 体育管理的基本方法

体育管理的基本方法主要有行政方法、法律方法、经济方法和宣传教育方法。科学的管理既需要强制性的、规范的行政方法和法律方法来支撑，也需要灵活、合理的经济方法来维持，同时还需要宣传教育方法来引导和疏通。这些管理方法都属于定性的管理方法，其运用的效果主要取决于管理者的技巧和艺术。

一、行政方法

（一）行政方法的概念

行政方法是指依靠行政组织的权威，运用行政手段，按照行政系统的规范进行管理的方法。行政方法实质上是通过行政组织中的职务和职位进行管理，它特别强调职责、职权和职位，并由行政管理系统采用命令、指示、规定、决议等行政手段进行管理。由于行政方法是以上级发布命令、下级贯彻执行为基点，故其程序通常分为发布命令、贯彻实施、检查督促、调节处理四个步骤，并按行政管理层次进行。

（二）行政方法的特点

1. 权威性

行政方法所依托的基础是管理机关和管理者的权威。管理者的权威越高，他所发出的指令接受率就越高。提高各级领导的权威是运用行政方法进行管理的前提，也是提高行政方法有效性的基础。但是，这种权威必须建立在民主管理的基础之上。因此，管理者必须以自己良好的领导素质和才能增强管理的权威，而不能只依靠职位带来的权力强化权威。

2. 强制性

行政方法通过各种行政指令对管理对象进行指挥和控制。这些指令是上级组织行使权力的标志，下级机关必须无条件地贯彻执行，因而，行政方法具有强制性。这种强制性并不等于官僚主义的强迫命令，而是指非执行不可的意思，它要求人们在思想和行动上服从统一意志，强调原则上的高度统一。行政方法的强制性一般只对特定的下级机关和所属对象才会生效。行政方法的强制性与法律方法的强制性是有所区别的：法律方法的强制性是通过国家机关和司法机构执行的，只允许人们可以做什么和不可以做什么；而行政方法的强制性是要求人们在行动的目标上服从统一的意志，它在行动的原则上高度统一，但允许人们在方法上灵活多样。

3. 垂直性

行政方法通过行政系统、行政层次实施管理活动。因此，它基本上属于"条条"的纵向垂直管理。行政指令一般都是自上而下，通过纵向直线下达的。下级组织和管理人员只接受一个行政上级的领导和指挥，对横向传来的指令基本不予理睬。因此，行政方法的正确运用必须坚持纵向的自上而下，切忌通过横向传达指令。

4. 具体性

具体性亦称针对性，表现为从行政发布对象到命令的内容都是具体的，而且在实施过程中的具体方法也因对象、目的和时间的变化而变化。因此，行政指令往往都是在某一特定的时间内对某一特定对象起作用，具有明确的指向性和一定的时效性。

（三）行政方法的作用和优点

（1）行政方法的正确运用有利于组织内部目标、意志、行动的统一和上级方针政策迅速有力地贯彻，对全局实行有效的控制。尤其是对需要高度集中和保密的领域，行政方法更具有独特作用。

（2）行政方法能迅速地传递纵向信息，及时有效地解决各种重大和特殊的问题，它能通过有针对性地发出行政命令、指示的方法，采取强有力的措施，对重大问题和特殊问题予以处理。

（3）行政方法是实行经济方法、法律方法等管理方法的协同手段。

（4）行政方法可以使管理的作用得到强化，并促进管理职能发挥，使全局、各部门之间相互配合，并不断调整它们的活动与相互关系。

（四）行政方法的缺点和正确运用

（1）行政方法更多体现的是人治，而不是法治。其管理效果主要取决于管理者的素质，因此，行政方法的运用对管理者的素质提出了很高的要求。

（2）管理者必须充分认识到，行政方法的本质就是服务。服务是行政的根本目的，这是由管理的本质和社会主义的性质所决定的。行政不以服务为目的，必然导致官僚主义、以权谋私、玩忽职守等问题；而没有行政方法的有效管理，同样达不到服务的目的。

（3）横向沟通困难。行政方法是纵向的垂直式管理，子系统之间容易产生矛盾，协调任务繁重。

（4）行政方法的运用要求有一个灵敏、有效的信息系统。这是由于领导者要驾驭全局、统一指挥，就必须及时获取各种信息，才能做出正确的决策。此外，上级要把行政命令迅速而有效地传达下去，还要把收集到的各种反馈信息和预测信息发送给下级领导者，供下级决策使用。

（5）行政方法强调管理权力的高度集中，不便分权。因此，对员工来说具有较强的约束力，较少遇到员工的抵制。这一特点可能会出现上级在行使行政方法时忽视员工的经济利益要求的问题，从而容易助长无偿支付、无偿调拨、无偿供应的供给制作风，不利于充分调动各方面的积极性，进而可能导致下级动力不足，产生消极后果。因此，不可单纯依靠行政方法，要在客观规律的基础上，把行政方法与其他管理方法有效地结合起来，综合使用。

二、法律方法

（一）法律方法的概念

法律是由国家制定或认可，体现统治阶级意志，以国家强制力保证实施的行为准则的总和。法律方法就是通过法律、法令、条例、制度等体育法规的手段，调节各种体育关系，以保证和促进体育发展的管理方法。

法律方法的内容不仅包括建立和健全各种法规，而且还包括相应的司法和仲裁工作。这两个环节是相辅相成、缺一不可的。只有法规而缺乏司法和仲裁，就会使法规流于形式，无法发挥效力；法规不健全，司法和仲裁工作则无所依从。

司法工作是由国家的司法机关按照法律和法规解决各种纠纷和审理案件的执法活动。司法机关"以法律为准绳，以事实为依据"，通过司法制裁，强制执行法规，停止违法活动，恢复正常秩序，并给予当事人一定惩罚，达到维护法律尊严、教育人民的目的。司法制裁分为经济制裁和刑事制裁两类。仲裁也称公断，是指组织或个人之间发生纠纷，经过协商仍不能达成协议，就可由仲裁人或仲裁机构居中做出判断和裁决。就仲裁的性质而言，它是一种行政性活动，不是司法活动。因此，裁决不被当事人执行时，仲裁机关不能强制执行，只能由法院强制执行。

（二）法律方法的特点

1. 规范性

法律是拥有立法权的国家机关依照法定程序，制定和颁布的规范性文件。这些规范性文件，从国家统治阶级的意志和利益出发，用准确、严密、简洁的法律语言，明确规定什么是应该做的，什么是不应该做的。法律为组织和公民规定了行为准则，并要求人们遵守。管理中的法律方法就是利用这些法律规范约束人们的行为，从而达到管理的目的。由此可见，规范性是法律方法的主要特点。

2. 强制性

国家法律一经颁布，违法犯罪就要受到应有的制裁。管理中的法律方法，既然以法律为手段，必然也要具有强制性。这种强制性一方面表现为对违法者要给予一定制裁，另一方面也表现为对人们行为的强制约束。

3. 预防性

国家制定法律规范的目的，不仅在于对事后违法者进行应有的惩罚，更重要的是于事前对人们起到指导和教育作用，使人们自觉守法，从而预防犯罪行为的发生。

（三）法律方法的作用和优点

法律方法的运用，有利于实现管理的公开、公平、公正，有利于建立健全科学而稳定的管理制度，从而使体育管理走向正规化的轨道。

1. 建立和保障正常的管理秩序

管理的目的，在于提高系统的功效，实现管理的目标，这些都依赖人、财、物、时间、信息等管理资源的合理流动。如果通过法律形式把这种合理流动的方式固定下来，通过各种法律规范对各种关系进行调节，就能够建立起正常的管理秩序，使管理活动有效地进行。

2. 调节管理因素之间的关系

根据管理对象的不同特点和所承担任务的不同性质，规定不同管理因素在整个管理活动中各自应尽的义务和职责。这是管理的法律方法所具有的一定的自动调节功能。

3. 使管理活动纳入规范化、制度化轨道

法律方法可使符合客观规律的、行之有效的管理方法和制度用法律法规的形式固定下来，使之有章可循、有法可依。为了推动体育运动的良性发展，必须明确界定协会、俱乐部的权利义务关系，对其资质条件、组织结构、管理体制、经营办法、业务指导及场地器材的配备使用、安全标准、技术要求等加以科学规范，并严格规定强制保险、侵权责任及纠纷事故解决机制，促使其尽快走向法制化、规范化。严格执行这些制度和方法，就能使管理系统有效地运转，既可保证管理活动的效率，又可节约管理者的精力。

（四）法律方法的运用

法律方法从本质上来讲，就是通过上层建筑的力量影响和改变社会活动的方法。这里具有双重作用，既可以起到促进作用，也可以起到阻碍作用。如果各项法律和法规的制定和颁布符合客观规律的要求，就会促进体育事业的发展，反之，也可能成为体育事业发展的障碍。由于法律方法具有规范性、强制性、预防性等

特点，在运用过程中，法律方法只适用于处理某些共性的问题，而不适宜处理特殊的个别问题。由于法律方法缺少灵活性和弹性，故不能代替其他管理方法，否则将造成管理僵化，而且有时不利于基层组织发挥其主动性和创造性。在管理活动中各种法规要综合运用，相互配合。

当然，不能指望法律方法能解决所有的问题，它只在特定的范围内发生作用。而在法律范围之外，还有大量的经济关系、社会关系、人际关系需要用其他管理方法调整。因此，法律方法应与其他管理方法综合使用，才能达到较好的效果。

三、经济方法

（一）经济方法的概念

经济方法是指按照客观经济规律的要求，运用经济手段调节各种不同经济主体利益之间的关系，以实现管理目标的方法。这里所说的经济手段主要包括价格、税收、信贷等宏观经济手段和工资、奖金、罚款、经济合同等微观经济手段。不同的经济手段在不同的领域中发挥各自不同的作用。

（二）经济方法的特点

1. 调节对象的利益性

经济方法是通过利益机制引导被管理者追求某种利益，间接影响被管理者行为的一种管理方法。因此，只有涉及经济利益时，才能发挥作用。否则，这种方法就会失效。故经济方法的运用既有广泛性，又有局限性。其广泛性是指经济利益是人们普遍关心的，且在社会生活中，涉及经济利益的领域非常广泛，因而经济方法可以在管理中广泛运用；其局限性是指经济方法在那些不涉及经济利益，或不以经济利益为主的范围，就不能充分发挥作用。

2. 调节作用的间接性

经济方法的间接性主要表现在两个方面：①它不直接干预和控制管理客体的行为，不直接干预人们应当怎么做，而是通过调节经济利益引导人们的行为，以达到管理的目标；②经济方法的运用要以市场为媒介，借助于市场机制来实现。经济方法这种调节作用的间接性在宏观管理中的表现尤为明显。例如，在体育竞赛市场的开发过程中，政府通过制定一些经济政策，通过各种利益关系调节各竞赛主办者的行为。

3. 调节手段的灵活性

经济方法调节的灵活性,主要表现在它有多种多样的调节手段,这些手段可以在不同的条件下发挥同样的作用,因而可以根据不同的情况灵活选择。例如,针对我国健身娱乐市场的发展情况,为了适应全民健身战略的要求,国家可以适当提高高档健身娱乐场所的税收标准,而为普及型健身娱乐场所制定若干优惠经济政策,以鼓励其发展。

4. 调节效果的平等性

经济方法承认被管理的组织或个人在获取经济利益上是平等的,按照统一的价值尺度计算和分配经济效益,各种经济手段的运用对相同情况的被管理者有同样的效力,不允许特殊。

(三) 经济方法的作用和优点

1. 有利于提高经济效益

体育管理的经济方法,其实质是围绕物质利益,运用各种经济手段正确处理好国家、集体、个人三者之间的经济关系,最大限度地调动各方面的积极性、主动性和创造性,从经济利益上激发人们的责任心,鼓励人们在工作中不断节约成本、提高效益。在此基础上,使集体与个人的经济利益也得到一定的满足,从而调动人们的积极性。

2. 有利于强化管理职能

经济方法的这一作用,具体表现为管理机构能够通过各种经济手段制约下级机关和被管理者的工作,将他们的经济利益与承担的工作相联系进行赏罚。由于采用了这一强有力的管理措施,使管理主体能有效地发挥指挥、控制、协调等职能。

3. 有利于适当分权

由于经济方法采用了经济制约,这就为被管理者相应的自主权创造了条件,从而有利于适当分权。管理者就不必为下级组织和人员由于缺乏应有的经济利益而对管理工作持消极态度;相反,被管理者还会主动利用下放的权力,在工作中积极完成任务。这样,管理者就可减少一些行政监督事务。

4. 有利于客观地检查管理效果

经济方法能充分调动管理者和被管理者的工作积极性,便于分权和进行横向联系。其作用是通过经济杠杆的作用实现的，表现在两个方面：一方面，在宏观管理上通过发挥价格、税收、信贷等经济杠杆的作用，调节和控制体育管理中的经济活动；另一方面，在微观管理上通过工资、奖金、罚款等制度，调节国家、集体和个人三者之间的经济关系，充分发挥经济的激励作用。

（四）经济方法的缺点和正确运用

经济方法在市场经济条件下是一种比较重要的管理方法。但是，任何方法都有其特定的功能、特定的使用范围和特定的使用限度。因此，在实际运用中要具体分析，合理使用。

1. 要注意经济方法应用的范围和限度

经济方法的运用要以经济利益的存在和人们对经济利益的追求为前提，否则就会失效。即使是在上述条件存在的情况下，其运用也要有一定的限度。例如，利用奖金作为刺激人们积极性的杠杆，虽然从理论上讲，高额奖金更有利于调动人们的积极性，但在实际运用中总有一个限度，超过了这个限度，就可能产生副作用。再如，运用罚款作为一种强制性的管理手段，就需要有一定的强度，否则若所罚款项不足以触动其经济利益，那么，这种罚款就失去其应有的效果。又如，在某些政治活动和精神文明建设中，虽然不能完全摆脱经济利益，但过分使用经济手段，就可能使之偏离方向，违背初衷。又如，在运动员思想政治工作中过多地使用经济方法，就容易产生"一切向钱看"的错误倾向。例如，为了追求经济利益而出现的假球、黑哨现象，严重影响了竞技体育的发展。

2. 要注意经济方法与其他管理方法的综合运用

经济方法虽然是一种比较重要的管理方法，但是这种方法还存在一定的局限性，在实际管理中要与其他管理方法，如行政方法、法律方法和宣传教育方法等综合使用，才能发挥更好的效益。例如，经济方法与行政方法结合使用，有利于增强经济手段的权威性；经济方法与法律方法结合使用，有利于增强经济方法的规范性和法律效力；而经济方法与宣传教育方法结合使用，则有利于增强经济方法的准确性和对运用时机的把握。

四、宣传教育方法

（一）宣传教育方法的概念

宣传教育方法是指通过宣传和教育等方式，使人们围绕着共同目标而采取行动的方法。宣传教育方法以人们对思想活动的发展规律的正确认识作为其客观依据。掌握人们思想活动规律，可以从以下几方面加以理解：①社会物质生活条件是思想形成和发展的基础。当前我国正处在社会主义市场经济的完善时期，人们的思想观念普遍受到市场经济的影响。因此，在体育管理中，必须使自己的认识符合形势的发展，认真研究存在于体育工作人员中的思想活动的特点和规律，有效地、有针对性地做好思想教育工作。②应看到虽然客观外界条件对人们思想有重大影响，但由于人的主观因素的作用，能够有分析、有选择地对待客观环境的影响。因此，在运用宣传教育方法的同时，要对人的主观因素进行具体分析，注意启发和激励人们主动接受教育和进行自我教育，引导人们正确处理国家利益、集体利益和个人利益之间的关系，当前利益与长远利益之间的关系，局部利益与整体利益之间的关系，使人们的思想朝着健康的方向发展。③人的行为是在一定的思想支配下进行的。人的需要引起动机，动机支配人的行为，行为导向目标。因此，人们的一切行动，包括管理活动无不受到动机的制约，而人的正确动机也可以通过非强制性的宣传教育方法激发、转换而获得。可以说，宣传教育方法就是激发人们的良好动机，使之形成共同的目标的管理方法。

（二）宣传教育方法的特点

1. 先行性

任何一种管理方法的实行、管理决策的制订，都必须通过宣传和教育。通过宣传教育，一方面使被管理者对其有充分的了解，同时思考自己如何配合行动；另一方面，在实施各项决策之前，通过宣传和教育，还可事先预测人们可能产生的各种反应，并制订相应的宣传教育措施予以预防，从而强化其正面效应，抑制可能产生的负面效应。

2. 滞后性

此特点在思想教育中表现尤为突出。由于人们的认识和思想是客观事物的反映，故大量的思想教育工作是在事情发生之后或有些苗头的时候进行。滞后性特点要求管理者实事求是地、科学地、正确地对已经发生的问题进行分析，以理服人，这样才能使思想教育真正落到实处，从根本上激发人们的动机。

3. 疏导性

开展宣传教育，要动之以情、晓之以理，启发人们的自觉性。对思想问题采取回避或捂堵的方式是不能奏效的，甚至会激化矛盾。只有因势利导，才能达到教育的实效。

4. 灵活性

人的思想是复杂多变的，引起人的思想变化的多种因素又往往交织在一起发生作用。在不同的时期，针对不同的管理对象，其思想基础、性格类型、价值观念和需求也不同，因此宣传教育的内容和重点、形式和手段要保持灵活性和针对性。

（三）宣传教育方法的作用与优点

宣传教育法是我国管理工作的传统方法，也是其他方法制订和实施的基础。因此，要靠宣传使人们了解和领会管理方法，不断提高认识。

（四）宣传教育方法的缺点和正确运用

虽然宣传教育方法的作用巨大，但它的局限性也十分明显，主要表现为以下三点：①不能调节人们的经济利益；②不能直接干涉和决定人们的具体行为；③不能解决所有的思想意识问题。因此，宣传教育方法必须坚持"尊重人、理解人、关心人"的原则，通过结合其他方法，才能显示其力量和有效性。

第二节　体育管理方法的综合运用

运用系统科学的观点学习和掌握体育管理的方法是十分重要的。只有这样，我们才能从整体上把握体育管理方法的精髓，深入地研究各种方法之间的密切联系，有效地提高科学运用管理方法的水平，不断获取优化的管理效益。

一、体育管理方法是一个统一的完整体系

体育管理方法的完整统一，集中表现在各种方法之间的密切联系上。这种密切联系，从体育管理方法的分类已得到了充分的显示。忽视这些联系，就是割裂体育管理方法的完整统一，只能孤立、静止、片面地运用一个个具体方法，其结果是在实际管理工作中出现某种方法单一运用的倾向，阻碍管理水平的提高。例如，在计划经济体制下，在体育管理工作中过多地运用行政方法，把行政方法作为体育管理的唯一方法，就会导致统得过死的不良状况。再如，在改革开放的新形势下，随着社会主义商品经济的实行，经济方法被引进体育管理之中。但是，如果忽视管理方法的完整统一，把经济方法看成是万能的管理方法，将导致经济方法的滥用，最终将削弱其作用，甚至会产生反作用。又如在运用经济方法时，忽视思想教育，就可能在群众中导致"一切向钱看"的倾向，进而不能妥善处理国家、集体与个人的关系，只思索取，不求贡献。如果在具体制定管理措施时，事事与经济挂钩，处处伸手要钱，动不动就处以罚款，则不会达到良好的管理效果，甚至会引发群众的抵触情绪，产生逆反心理。

总之，把体育管理方法看作一个统一完整的体系，有利于我们从整体上把握管理方法的实质，克服形而上学和绝对化的思想，杜绝管理实践中的主观性和盲目性。当然，把握整体并非否定各种管理方法的相对独立性，其目的正是要从它们各自的特点、形式、应用范围和条件入手，寻找它们彼此之间的内在联系，以取得最佳的整体管理效应。

二、各种体育管理方法的互补与组合

就每一类或每一种管理方法而言，在实际运用中都存在一定的利弊，受到一定的局限，因而不存在任何单一的、万能的管理方法。只有在运用中认真考察各类管理方法的组合与互补关系，才能发挥它们的综合效能。

在体育管理方法的四大类别之间，就存在着组合与互补关系。管理的技术手段适于解决体育管理中一些技术性、定量化问题；管理的基本方法对各种管理方案的组织实施有着极其重要的作用；而管理的技巧与艺术，则在妥善处理管理中的各种关系、协调各方面力量上，显示出其独特的功能。这就是说，它们在某些

因素的管理上都有各自的特长，而在另一些因素的管理上又都有各自的欠缺。然而，实践证明，体育管理中各种因素通常不是单一地、明显地摆在管理者面前，往往是相互交织、错综复杂地等待着人们去处理。这种情况在决策中表现得尤为明显。因此，没有各类管理方法的互补与组合，也就没有有效的管理。这种组合与互补的关系，在各类管理方法所包含的各种手段之间，同样是客观存在的。例如，行政管理方法，它有利于实行集中统一的管理，但仍需要依靠法律方法来保障正常的管理秩序。尤其是在横向管理关系的有效调节方面，更需要法律方法的支持。行政方法与法律方法结合起来所表现出来的强制性，又要依靠宣传教育等灵活性较大的管理方法来协调，才能使管理达到严而不死、活而不乱的效果。再如经济方法，由于它与人们的物质利益联系较紧，尤其是在社会主义市场经济条件下，要运用各种经济手段调动人们的积极性，使人们的经济利益与工作绩效直接相关，但同时也需要其他管理方法的配合。在运用经济方法时，还应在兼顾国家、集体、个人三者利益的基础上，鼓励人们胸怀全局、发扬风格，而这些离开宣传教育方法是难以办到的。又如，宣传教育方法是一种行之有效的管理方法，但若缺乏行政方法、经济方法、法律方法的支撑，也可能在一定程度上降低管理工作的权威性。由此可见，学习体育管理方法绝不能停留在对各种单一方法的个别探讨上，而必须深入地研究它们各自的优劣、互补与组合。这样才能真正明确各种方法在体育管理系统中的地位和作用，在体育管理实践中合理地运用。

三、追求各种管理方法的综合效应

系统分析的目的在于追求整体效应。体育管理系统能否产生整体效应，在很大程度上取决于各种管理方法的综合运用。如前所述，我们强调弄清各种管理方法之间密切联系的重要性，但这并不意味着可以混淆它们彼此之间的区别，进而在实际运用中互相替代。事实上，各种管理方法都具有相对独立性，都有自己独特的作用。如经济方法利用经济杠杆，贯彻物质利益原则，通过把集体、个人的物质利益与其工作绩效相联系，调动人们的积极性、主动性和创造性，进而有效地控制人们的行为，经济方法的这种独特作用，是其他方法不能替代的。

因此，我们要追求各种管理方法综合运用的整体效应，重要的前提就是要弄清这些方法在体育管理工作中的独特作用。只有弄清它们各自的特点、运用形式、范围和条件，才能有机地将它们统一起来，做到扬长避短，互相弥补，产生整体效应。此外，认真地分析这些方法各自的长处和短处，才能通过对它们的综合运用互相补充，才能使各种管理方法在综合运用中成为一个有机的完整的方法体系，在体育管理实践中发挥整体功能。

四、管理者的创造性决定着管理方法的运用效果

体育管理方法是一个完整的结构体系，但是管理方法的整体效应能否在管理实践中体现出来，主要取决于管理者对管理方法的创造性运用，也就是说管理者如何从管理实践出发，针对管理对象的具体情况和管理环境的变化，灵活地运用各种管理方法。

体育管理者运用管理方法的技巧和艺术集中反映在创造能力上。如果管理者缺乏创造性，只是机械、教条地照搬某种现成的方法模式，企望找到某种放之四海而皆准的管理方法，人云亦云，忽视管理对象的特点和客观环境的变化，就很难取得理想的管理效果。

第五章 体育管理制度

第一节 体育管理体制

一个国家的体育管理体制是实现体育总目标的组织基础。政府的形式与体育管理结构之间有一定的联系。体育管理体制是国家政治制度的重要组成部分，不同国家的体育管理体制由于受到其独特的政治、经济、文化和社会因素的影响，会表现出不同的类型与特点。

一、体育管理体制的概念

体育管理是指拥有一定权力的组织和个人对体育系统的人、财、物、信息、时间等基本要素进行计划、组织、协调、控制、监督的过程。体育管理体制是体育管理的机构设置、权限划分、运行机制等方面的体系和制度的总称，是实现体育总目标的组织保证。现代社会中，体育领域内的权力与利益通常归属于政府与社会。

二、体育管理体制的性质

权力和利益的归属，决定了体育及其管理体制的性质和形态。在政府享有主要的权力和利益时，倾向于强调体育的政治和福利性质，体育管理体制具有集权化的趋势；当社会享有主要的权力和利益时，倾向于强调体育的商业和消费性质，体育管理体制具有分权化趋势。

三、体育管理体制的影响因素

体育管理体制的影响因素，主要有以下四个方面：国家的政治体制与经济体制；国家经济发展程度；民族文化与传统；体育自身的性质与发展程度。

四、体育管理体制的类型

按照管理权力的归属，可分为政府管理型和社会管理型，在这两者之间存在着中间形态，称为结合型或中间型。

（一）政府管理型（集权型）

政府管理型体制的主要特点是由政府设立专门的机构管理体育。政府权力高度集中，采用行政的方式对从宏观到微观的各个层面进行全面管理。社会体育组织不具备实质性的管理功能。

（二）社会管理型（分权型）

社会管理型的主要特点是各社会体育组织进行体育管理，政府一般不设立专门的体育管理机构，政府对体育事务很少介入和干预。即使是介入和干预，也常常是利用市场机制，采用法律和经济的手段间接地进行。

（三）结合型（中间型）

结合型管理体制是由政府和社会共同管理体育的管理体制。政府设有专门的体育管理机构，或指定几个有关部门管理体育。政府对体育实行宏观管理，即制定方针政策、发挥协调和监督职能。

第二节 我国体育管理体系

我国体育管理体系由政府体育管理系统和社会体育管理系统两大子系统构成。政府体育管理系统具有主要管理权限，包括宏观上的决策、计划、协调、监督，微观上对竞技体育、大众体育的业务管理，以及对社会体育管理组织的指导、监督。影响体育体制的因素主要有四个方面：国家政治、经济体制，经济发展程度，文化传统，体育自身的性质和发展状况。（图5-1）

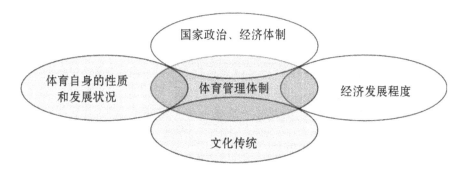

图5-1 影响体育管理体制的因素

一、政府体育管理系统

政府管理型体育管理体制是指由中央政府设置专门体育管理行政机构，对全国的体育事业进行全面的监控和管理，在体育政策的制定和实施及体育资源的配置上起主导作用，事务性工作主要由社会团体承担的体育管理体制。需要指出的是，目前世界上几乎所有国家的政府在体育管理中都发挥一定的作用，只是作用的程度及作用的方式有所不同。目前，世界上绝大多数国家采用这种管理体制，如加拿大、俄罗斯、法国、希腊、韩国、日本、南非等。

政府管理型管理体制具有以下特点：①由于国家能够代表最广泛公民的利益，并且在体育政策的制定和实施方面起主导作用，因此政府管理型体育管理体制能够集中体现国家意志。②有利于整合一切社会力量，促进政府总体体育政策目标的实现。体育的管理过程涉及许多管理主体，不同的管理主体又代表了不同的利益群体，尤其自然形成的社会团体只代表了特定团体的利益，不易形成合力，甚至对体育事业造成不必要的损失。在发达国家的体育发展史上，这种状况屡见不鲜。"二战"以后，日本奥委会和日本业余体联的争吵、美国业余体联与美国大学生体联对 8 个奥运项目控制权的争夺就是明显的例证。由于政府代表最广大的公民的利益，同时政府在国家社会生活中也具有其他组织不具有的行政权威，因此，只有政府才能有效地协调各方的利益，整合一切社会力量，服务于国家总体体育政策目标。③有利于体育公共服务事业的推进。20 世纪 90 年代以来，能够在国际大赛中弘扬国威的精英体育和以提高公民生活质量为目标的大众体育，在各国的体育事业中占据越来越重要的地位。精英体育和大众体育作为体育公共服务事业，在大多数国家中不是主要通过市场渠道发展的，而是依靠政府的支持。这是因为对国家意义重大的公共服务需要大量的经费投入，私人机构和社团组织往往难以承担，而政府管理型体育管理体制则可以有力地保证公共服务事业的发展。

当然，这种管理体制有它自身的不足，表现在：①易于造成行业垄断；②容易阻塞社会团体参与体育管理的渠道；③易于陷入大量的事务性工作，削弱宏观管理职能。

在我国，政府体育管理组织系统又可分为政府专门体育管理系统和政府非专门体育管理系统。

（一）政府专门体育管理系统

政府专门体育管理系统由各级体育局组成，通常称为体育局系统，是体育管理的主系统。国家体育总局对下级体育局具有最高领导权力，并对其实施业务指导。同时，国家体育总局还管辖若干事业单位，如国家体育总局直属院校、运动项目管理中心、单项运动协会、科研单位及《中国体育报》报社、人民体育出版社等新闻单位。政府专门体育管理系统的基层机构是县及县级市体育局。目前，我国有些县（市）体育局与教育或卫生部门合并，但仍设有专人负责管理体育工作。

（二）政府非专门体育管理系统

政府非专门体育管理系统指的是国家体育总局以外的体育管理机构。在国务院所属各部委中，有些部委专设体育管理部门，如教育部设有体育卫生与艺术教育司，统管全国学校体育工作。国防部和国家卫生和计划生育委员会（简称"卫计委"，2018年整合组建国家卫生健康委员会）也设有体育管理部门，负责本系统的体育工作。在大多数部委中不设体育管理部门，但设有体育事业单位，如各行业体协在所属部委领导下，作为中华全国体育总会的团体会员，负责开展本行业的体育工作。

二、社会体育管理系统

社会体育管理系统下设社会专门体育管理系统和社会非专门体育管理系统。

（一）社会专门体育管理系统

由专门从事体育管理工作的社会组织构成，下分三个子系统。

1. 中华全国体育总会系统

中华全国体育总会系统其团体会员包括下列群众体育组织。

（1）省、自治区、直辖市体育总会。

（2）全国性的单项体育协会。

（3）全国性的行业系统体育协会。

（4）中国人民解放军的群众体育组织。

2. 中国奥委会系统

中国奥委会系统人员组成如下。

（1）所有为国际奥委会所承认的国际单项运动联合会的全国运动协会的代表，他们在全体委员会议和执委会中应占多数。

（2）国际奥委会的中国委员，他们是中国奥委会执行委员会的当然委员，并拥有表决权。

（3）社会和体育界人士及运动员代表。

3. 中国体育科学学会系统

中国体育科学学会系统下设区域性单位会员（省、自治区、直辖市、体育科学学会）及若干专业分会，如体育社会科学分会、运动生物力学分会、运动医学分会、运动心理学分会、运动训练学分会、体育新闻分会、体育管理分会、武术分会等。另外，中国体育科学学会还下设《体育科学》编委会与《中国运动医学杂志》编委会，这两本学术期刊在我国体育学术界具有权威性。

（二）社会非专门体育管理系统

某些群众性组织虽然不是专门的体育组织，但下设体育部门，如工会下设宣传文体部，共青团下设军体部，妇联下设体育部门。它们分别负责职工、青年和妇女体育工作，属于社会非专门体育管理系统。

三、我国体育管理体系的特点和表现

体育体制是国家有关体育事业的管理体系与制度的总称。一般而言，不同国家或地区会根据自己特定的国情和体育发展目标采用不同的体育体制。因此，体育体制通常会对一个国家或地区体育事业的发展产生重要的影响。举国体制是 20世纪下半叶我国实施的一种特殊的体育管理体制和运行机制，是我国竞技体育快速发展的制度保障和基础。

举国体制是一种特殊的国家行政管理体系和运行机制。这种体制的特点是通过政府的行政手段动员和调配国家资源，重点发展国家急需的重要领域或重大项目。我国体育的举国体制是指为了在较短的时间内使竞技体育迅速提高，在国际重大赛事中取得优异成绩，国家实施以政府为主导，以行政手段管理体育事务，以计划手段配置体育资源，形成包括以国家体育总局为中心的管理体制、以专业运动队为中心的训练体制、以全运会为中心的竞赛体制"三位一体"的管理体制和运行机制。

（一）举国体制的特点

（1）举国体制是国家意志的体现，服从于国家利益与政治目标，执行国家所赋予的任务。

（2）举国体制主要是以提高国家竞技体育水平为目标的体育体制。从举国体制的内涵来看，其最初主要是指由"一条龙"的训练体制、全运会赛制和国家队的长训制三者构成的竞技体育组织与管理方式。在实践操作中，主要包括各级政府的体育行政部门管理体制、"一条龙"的训练体制、以全运会为中心的竞赛体制。因此，举国体制并非整个体育的体制，而只是竞技体育（高水平竞技）的特殊体制。它是围绕迅速提高我国竞技体育水平，以在国际赛事中夺取优异成绩为目标而实施的一种特殊的体育体制。

（3）举国体制是一种以行政手段管理体育事务，以计划手段配置体育资源的政府主导型的体育体制。从管理模式来看，目前世界各国的体育体制大致分为三种类型：①民间社团型；②政府与社团结合型，又称半官方型；③政府主导型。国家政治意志对体育的特殊要求、苏联经验与革命军队驾轻就熟的军事化集中统一管理传统，都促使当代我国最终只能选择政府主导型体育体制，并进一步在计划经济体制基础上形成竞技体育的举国体制。

（4）我国举国体制是一个由管理体制、训练体制和竞赛体制三大支柱构成的刚性体制结构。

（5）我国体育举国体制坚持党的领导，坚持正确的政治方向，坚持党的思想政治工作，其最高目标与指导原则是为国争光。举国体制是中国共产党领导下的体育体制，坚持中国共产党的领导、坚持正确的政治方向、坚持思想政治工作是我国体育举国体制的基本特点之一。

（二）举国体制的表现

20 世纪下半叶我国体育发展的背景是：一方面，我国体育基础较差，经济发展水平比较落后；另一方面，国家利益又迫切要求竞技体育水平迅速提高，在国际赛事中取得优异成绩。为了解决这一矛盾，国家需要建立一个有效的管理体制和运作机制，有效地利用政府的行政手段，最大限度地调动和整合各方面的资源促使竞技运动水平迅速提高；同时，通过这样一个管理体制和运作机制，将国家有限的财力、物力集中起来加以有效利用，向最需要的方向投入。举国体制就是为适应这样的需要而建立起来的，其基本功能就在于发挥制度优势，整合全国资源，调配人力、物力，实施有效管理。其具体表现如下。

（1）举国体制具有整合各级行政资源，为体育事业的发展获得必要的行政支持的功能。举国体制有效地利用政府这种巨大的行政资源，将其整合转化为发展体育，尤其是竞技体育的人、财、物的基础。四年一次的全运会，有效地整合了地方体育资源，刺激和调动了各省、市、自治区利用各级政府行政资源和地方财政发展高水平竞技体育的积极性。

（2）举国体制具有利用国家的财政资源，为体育事业的发展获得必要资金支持的功能。在我国现行的体育体制下，尤其是在举国体制的作用下，体育纳入国家计划，进入国家与各级政府的财政预算，服从国家财政管理，这样就使我国的体育事业能够在总体经济较不发达的背景下，获得必要的财政和资金保障，并在体育资金的运用上接受政府的指导和监督。同时，通过举国体制的管理体制与运作机制，使有限的资金集中于主要的方向，为奥运战略服务。

（3）举国体制具有利用国家的政策资源，为体育事业发展获得必要政策支持的功能。举国体制通过争取国家政策对体育工作的支持，使教练员、运动员和其他有关体育人士享受国家政策的关怀和帮助，充分利用国家相关政策解决体育工作（尤其是竞技体育工作）发展过程中所遇到的实际问题和困难。

（4）举国体制具有利用国家的新闻舆论资源，为体育事业的发展营造良好舆论环境的功能。举国体制能够有效地利用社会主义制度的优越性，通过党和政府主办的新闻媒体、舆论工具及宣传手段，坚持正确的舆论导向，弘扬中华体育精神，普及体育科学知识，倡导健康、科学、文明的生活方式，宣传党的体育方针和政策，动员全国人民和各种社会力量都来支持和参与体育事业，为体育的改革和发展造势，为推动体育事业健康发展营造良好的舆论环境。

（5）举国体制具有整合全国体育资源，使之为国家的总体利益和目标服务的功能。我国体育事业要迅速发展，仅依靠中央政府是不行的，还需要将全国各地的体育资源通过一定的管理体制和运作机制整合到一起，共同为国家总体目标服务。举国体制可以通过竞争与协同，有效地调动地方搞体育的积极性，将地方的体育资源整合到国家奥运战略上来，从而促进我国体育事业，尤其是竞技体育的迅速发展和提高。

（6）举国体制具有利用国家政治资源，激励教练员、运动员为国争光意识与拼搏精神的功能。在举国体制下，各级体育机构的党、团组织在高水平运动队建设上发挥了巨大的作用，通过经常性地对广大运动员、教练员进行思想政治教育，提高他们的政治素质和思想觉悟，培养他们的爱国主义、集体主义和革命英雄主义精神，树立为国争光的崇高理想，将思想政治工作转化为平时刻苦训练、赛场上顽强拼搏的动力。

综上所述，我国体育的举国体制是特定历史时期所实行的一种特殊的体育体制。这种体育体制的主要特点是依靠政府的行政手段管理体育，依靠计划经济的手段为体育的发展提供必要的财政支持。不可否认，这种体制在过去为我国体育事业，尤其是竞技体育的发展做出了巨大的、不可取代的贡献。从 21 世纪我国体育的任务和发展趋势来看，举国体制在相当一段历史时期内对我国体育事业的发展仍然是必不可少的，其关键在于，在保持这一体制的巨大优势前提下，如何通过改革使之适应市场经济的变革。

四、体育管理的体制改革

从 20 世纪 50 年代发展至今，我国体育管理体制属于举国体制。其特点是：①政府行使几乎全部管理职权。国家体育总局对全国体育管理有绝对的权力；②国家承担绝大部分经济义务。竞技体育方面，国家支付中小学校队、各级体校乃至国家优秀运动队的财务支出，并直接扶持群体工作，以达到增强体质，提高凝聚力的目的；③主要管理手段是行政手段。政府文件成为最重要的管理信息。例如，我国现行的职业体育联赛管理体制。（表 5－1）

表 5－1　我国现行的职业体育联赛管理体制示意表

层次	经济主体	名称	决策人	行为	效果
第一层次	赛事	联赛	项目中心、项目协会	行政权力	违背市场经济规律
第二层次	企业	各俱乐部	各俱乐部投资者	被动接受	经济效益不好

运动项目的运动员等级标准、体育院校的专业设置、运动员伙食和服装标准等纯业务性或学术性事务均由政府文件规定。举国体制的理论依据是社会主义体育的人民性。体育是人民的事业，而国家是人民利益的代表，体现着人民的意志。举国体制是社会主义计划经济的产物，对集中资源发展体育事业起到很大的作用。现阶段处于社会主义市场经济条件下，我国体育管理体制如何继续发挥举国体制的优势，充分利用政府职能，如何面对市场经济的新局面，借用社会的力量与市场经济接轨，是我们不得不面对的课题。

（一）我国体育管理体制改革的原因

1. 外部环境因素

随着改革开放和社会主义市场经济体制的建立，政府需将一部分权力移交给社会。社会利益和权力的再分配，国家对体育的支持程度与管理权限将不可避免地减弱。体育的国际化、职业化、商业化要求我国体育必须与国际体育接轨。20世纪以来，现代体育的商业化和职业化已经极大地改变了体育的面貌。不仅体育物质产品成为商品，同时体育服务产品也在商品市场上体现出独特的价值。在这种背景下，体育组织必须适应市场经济的发展，必须面向市场转变运行机制，提高管理水平和管理效率。

2. 内部环境因素

举国体制本身存在一些弊端，使其不能适应我国市场经济发展的需要。主要矛盾表现为举国体制过度地强化了政府的权力，抑制了社会参与体育的积极性，阻塞了社会支持渠道，政府又由于陷入微观管理事务而削弱了宏观管理职能。体育过分依赖政府，丧失自我完善与自我发展的机制。计划经济与人治色彩，使体育无法按照自身规律正常发展。举国体制着眼于增强人民体质，而实际运行过程中又过分强调了竞技体育的政治效应，造成大众体育与竞技体育发展比例失调。在市场经济条件下，体育的经济功能得到强化，使体育成为一种可以被视为国民经济新的增长点的朝阳产业。体育的性质和功能的改变引起管理体制和方法的变革。

（二）我国体育体制改革的主要趋势

1. 我国体育体制改革的环境条件

坚持改革开放、坚持市场经济，使人们的生活水平提高，余暇时间增多，强化了人们对体育的需求，这是我国体育市场化的决定条件。我国体育将进一步发展和成熟，形成庞大的社会产业，要求着更科学和成熟的管理体制做后盾。

2. 我国体育体制改革的主要方向与特点

我国体育管理体制改革的主要方向是建立结合型的举国体制。政府行使宏观管理职能，社会体育组织行使业务管理职能，强化社会体育组织对体育业务的统一管理；弱化横向干预，强化纵向管理职能，政府与社会体育组织将在体育系统内部有机地结合起来，形成体育系统内部的决策机制，从而使体育自身得到完善和发展；遵循市场经济运行规律，由行政型管理向经营型管理过渡，并采用法律、经济、行政等综合管理手段进行管理。由于我国经济、文化发展不平衡，多元化管理体制将保持一段时期；由于体育管理体制受制于政治经济体制和经济发展程度，且体育管理体制的改革长期滞后于经济体制改革，其改革的完成有赖于政治经济条件的好转。

（三）我国体育管理体制改革的措施

举国制度有以下弊端：权力集中，强化体育的政治性；投入与产出不成正比，违背了市场经济的规律；政绩工程，竞技体育与群众体育不能协调发展。

制约我国体育体制改革的因素有：举国体制的制约，政府主导型权利转移的制约，传统文化观念的制约，体育改革的稳定优先与体育社团要求自主发展之间的矛盾。

举国制度改革的路径：政府逐渐放权，体育社团独立发展；向制度制约转变；改革不同类型的体育社团；完善社会监督路径；促进社会体育发展。

我国体育管理体制改革的措施可分为以下六个方面。

1. 继续推进体育行政管理机构改革

明确政府与社会的事权划分、政事分开、管办分离。体育行政部门要把工作重点转移到贯彻国家方针政策、制订体育事业发展规划、制定行业政策、加强管理和提供服务上来。

2. 推动体育事业单位改革

根据中央统一部署，按照责、权、利统一的原则，明确事业单位的性质和职责，实行分类管理，改革人事制度和工资分配制度，实行工资与效益挂钩和全员聘任制，使其成为自主管理、自我发展、自我约束的法人实体。

3. 充分发挥体育总会和中国奥委会的作用

明确职能定位，依据我国国情，学习国外先进经验。

4. 深化运动项目管理体制改革

运动项目管理体制改革是体育管理体制改革的中心环节。继续推动协会改革，理顺各级体育组织机构的关系，加快训练与竞赛体制等的配套改革。

5. 调动社会力量办体育

鼓励和支持社会团体、民间组织、公民个人依法兴办体育，加快建立体育中介组织。

6. 积极稳妥地发展各类体育俱乐部

鼓励各系统、行业、社会组织和个人组建各种类型的体育俱乐部，扶持以开展全民健身为主的大众体育俱乐部，支持组建股份制俱乐部。加强和完善对各种俱乐部的管理。

第六章　学校体育管理

学校体育是指以在校学生为参与主体的体育活动，通过培养学生的体育兴趣、态度、习惯、知识和能力增强学生的身体素质，培养学生的意志品质，促进学生的身心健康。学校体育是教育的重要组成部分，是计划性、目的性、组织性较强的体育教育活动过程。

学校体育由五个主要部分或要素构成：①体育教学（以体育课为主要形式）；②课外体育活动（由学校或学生自行组织，以学生体育锻炼为主要内容）；③运动代表队训练和各种形式的体育比赛（如班级赛、校际赛、各类选拔赛，以及参加地区性和全国性比赛等）；④早操和课间操（前者多为学生个人自由锻炼或学生自由组合锻炼，后者多为有组织的徒手体操活动）；⑤科学的作息和保健措施（旨在保证学生有足够的睡眠、休息和锻炼时间，同时要讲究卫生，注意营养，预防疾病发生等）。

第一节　学校体育管理体制

学校体育管理体制是学校体育管理的机构设置、权限划分、运行方式等方面的体系和制度的总称。

我国现行的学校体育管理体制分为两部分：校外学校体育管理体制和校内学校体育管理体制。

一、校外学校体育管理体制的组成

（一）我国学校体育的校外管理机构

我国学校体育的校外管理机构主要由三方面组成：国家学校体育行政管理机构、学校体育教育及科研机构和学校体育社会团体。（图 6-1）

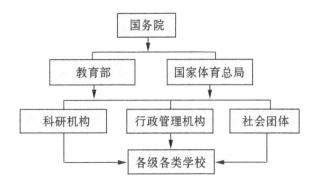

图 6-1　学校体育的校外管理体制示意图

（二）我国学校体育与校外管理机构职能

1. 国家学校体育行政管理机构的主要职能

（1）制定各级各类学校的体育工作指导思想、政策、规划和有关制度。

（2）实施、监督、检查、评估各种法规的贯彻落实情况。

（3）制定《全国普通高等学校体育与健康课程教学指导纲要》《国家学生体质健康标准》《体育与健康课程标准》。

（4）审定体育教材。

（5）审定全国学生运动会竞赛计划。

（6）组织国际性学生体育竞赛。

（7）指导体育学术交流。

（8）指导学校体育科研机构及社会团体的业务工作等。

2. 省级及以下各级学校体育行政管理机构的主要职能

（1）根据国家行政主管部门的政策、法规文件，结合本地区的情况制定适合本地区学校体育工作开展的有关规定和要求。

（2）落实、督促、检查、评估本地区学校体育工作的开展情况。

（3）组织开展学校体育竞赛活动。

（4）指导学校体育学术研究工作。

3. 学校体育教育及科学研究管理机构的主要职能

各级体育教研部门和科研单位所共同承担学校体育的研究、指导、培训和咨询工作。

4. 学校体育社会团体机构的主要职能

（1）对学校体育教学、课外群体、业余竞赛和管理进行政策性调研和业务咨询。

（2）举办各级体育学术研讨会。

（3）举办各级学校体育竞赛。

（4）开展体育师资培训。

二、校内学校体育管理体制与组成

（一）我国学校体育的校内管理机构

我国学校体育的校内管理机构主要由三部分构成：校工会、体育部、团委或学生处。（图6-2）

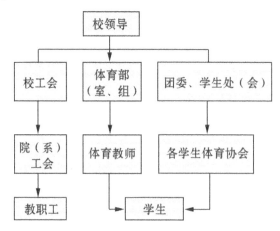

图6-2 我国学校体育的校内管理机构示意图

（二）我国学校体育的校内管理机构职能

1. 校领导
校领导负责学校体育工作的决策、指导、布置和检查。

（1）根据上级有关文件精神，结合本校的实际，提出开展本校体育工作的总体规划。

（2）制订本校的体育工作计划。

（3）协调与发展学校体育工作相关部门的工作。

（4）整体安排校内体育工作任务。

（5）检查、督促学校体育工作的开展情况。

2. 体育部（室、组）
（1）根据上级文件会同有关部门制订本校体育工作计划和有关规章。

（2）提出学校体育工作发展建议。

（3）制订体育课程建设规划。

（4）落实体育教学任务。

（5）组织课外群体活动。

（6）开展课余训练竞赛工作。

（7）加强场地器材建设与管理。

（8）制订体育师资队伍建设计划。

（9）做好体育宣传、科研工作。

3. 团委、学生处（会）
（1）积极主动地搞好学生处（会）各单项体育协会的组织建设工作。

（2）组织内容丰富的体育竞赛活动，以充实学生的业余文化生活。

4. 学生体育协会
（1）根据学生的兴趣爱好和学校的传统优势项目，积极组织成立各体育协会，吸引更多的协会成员。

（2）举办各种体育竞赛活动。

（3）组织各种裁判员等级培训和技术培训活动。

（4）宣传学校体育工作。

5. 体育教师
学校体育的具体组织者和执行者是体育教师，其职能如下。

（1）积极参与讨论制订学校体育工作计划和有关规章制度。

（2）深入钻研教材，不断改进教学实践，完成每堂体育课的教学任务，保证教学质量。

（3）认真组织课外体育活动。

（4）积极推行《国家学生体质健康标准》和各项测试工作。

（5）努力做好课余训练竞赛工作。

（6）自觉维护体育器材设施。

（7）做好体育宣传工作。

（8）培训体育骨干。

（9）为人师表，教书育人。

（10）积极开展体育教学研究，为学校体育改革创新献计献策。

第二节　学校体育管理的具体内容

学校体育管理内容是指围绕学校体育工作赋予的目的和任务而进行的一系列活动内容。

学校体育管理的具体内容主要包括：学校体育教学管理，课外体育活动管理，学校体育师资队伍管理，学校体育经费管理，学校体育场地、器材及设备管理，学生体质与健康管理，学校体育科研管理和学校体育宣传工作管理。

一、学校体育教学管理

学校体育教学管理是按照体育教学的规律和特点，对体育教学工作进行计划、组织、控制和监督的过程，是以不断提高教学质量为目的实行的全过程性管理。

（一）制订体育教学计划

1. 制订体育教学计划的依据

（1）教育部颁布的《全国普通高等学校体育与健康课程教学指导纲要》和《体育与健康课程标准》。

（2）现有体育师资状况。

（3）学校的现有场馆器材条件。

（4）以往学校体育教学测评统计资料。

2. 制订体育教学计划的程序

（1）分析现有因素，科学预测。

（2）区分教学层次，确立各种教学目标。

（3）拟订多个为达到教学目标可供选择的行动方案。

（4）科学决策，选择最佳方案。

（5）正式编制教学计划。

（6）报批并确定体育教学计划。

（二）组织体育教学

体育教学的组织过程就是围绕教学目标对人、财、物、时间、信息等因素的配置和调整。

1. 体育教学组织的具体内容

（1）按照学校类型、规模大小，建立学校体育组织管理机构。

（2）对每一层次人员进行职权分工，确定职责范围，明确纵、横向的协调关系。

（3）优化配置各层次组织管理人员，做到人尽其才。

（4）建立各层次体育教学管理规定和管理制度，做到有规可循、有章可依。

2. 明确体育教师的管理地位

（1）体育教师是实践体育教学组织管理的最基层成员。

（2）制定激励机制，激发和调动体育教师的管理积极性、能动性。

（三）控制体育教学

（1）建立体育教学的控制机构，明确控制职责，责任到人。

（2）明确控制的目标与要求。

（3）及时获取控制信息。

（4）分析反馈信息，发现偏差，找出原因，采取措施。

（5）纠正偏差，调整计划。

二、课外体育活动管理

课外体育活动是体育教学课堂的延伸，在现代学校体育中具有重要的地位，在完成课外体育训练与竞赛任务、拓展学生能力、丰富校园文化、增强学生体质等方面有着十分重要的作用。

（一）课外体育活动的主要形式

（1）作息制度内的课外体育——早操、课间操、课外体育活动。

（2）作息制度外的课外体育——校内外休闲体育活动，体育兴趣小组（班）活动，节假日体育活动，校内外体育俱乐部、培训班活动等。

（3）校内外课余运动训练与竞赛。

（二）课外体育活动的管理

（1）作息制度内的课外体育活动管理，可以仿照体育教学管理的方式操作，也可直接依托体育教学管理组织机构，所制定的相应的管理规定和制度进行。

（2）作息制度外的课外体育活动管理，应以学生自愿参与为原则，由学校根据自身实际为学生提供有计划的辅导和场地器材，并以体育部（教研室、组）和体育教师为主组织实施，结合学校学生工作管理部门、学生会、团委实施管理。

（3）学校不直接参与校外体育活动的管理，但应经常了解和掌握学生在校外参加体育活动的情况。

（4）课余运动训练与竞赛的管理是学校体育管理工作的有机组成部分和重要内容。课余训练竞赛管理的主要内容如下。

①选择运动训练竞赛项目：一方面，要考虑该学校客观条件的限制；另一方面，要考虑学校所在地区项目生源的影响和学校传统项目的影响。

②建立训练竞赛管理体制：学校课余训练竞赛管理，既要遵循运动训练竞赛规律，又要符合学校教育规律。要建立学校训练竞赛管理机构；要明确学校课余训练竞赛管理结构各层次、各部门的职责要求（图6-3）；制定严格的学校课余训练竞赛管理规定。

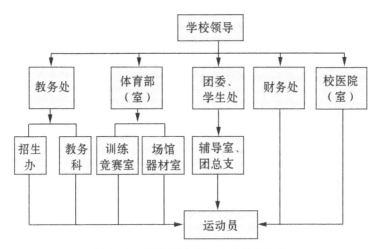

图6－3 学校课余训练竞赛管理机构

③制订训练及竞赛计划：制订训练计划的主要依据和注意事项：一是要注意不同年龄阶段生长发育和认识的规律；二是要注意不同年级教学训练大纲的要求，并注意学生素质敏感期基本能力的发展，科学安排运动负荷；三是要注意基础训练与职业训练、专业化训练的区别；四是要注意课余训练的对象是在校学生，必须接受国家规定的学校教育，训练过程有明显的间断性。

制订学校体育竞赛计划的依据和注意事项：一是要统筹兼顾，要考虑校内、地区、省市及全国性的竞赛计划；二是要从实际出发，充分考虑学校规模、条件及传统项目特点；三是要区别对待，主次清楚，重点突出，注意不同竞赛活动的特点；四是要平衡安排，考虑每学期都有竞赛活动，规模大小均衡安排；五是要注意项目的季节特点，充分利用节假日。

三、学校体育师资队伍管理

体育教师是实现体育教育目标、保证体育教学质量的关键因素，加强体育教师队伍的管理，是保证学校体育工作顺利开展的重要环节。

体育师资队伍的建设与管理，必须做到使用与培养并重。

做好体育师资队伍的管理工作，首先要明确体育教师的工作职责，这是管理的基本环节，也是培养、考核和奖惩的重要前提。

学校体育教师的工作职责主要包括：①认真完成上级领导安排的各项工作任务；②努力钻研教材，不断改进教法，做好课前的一切准备，认真上好每堂课，不断提高教学质量；③积极参加课外体育活动的组织、指导和检查；④组织开展课余训练，培养后备人才，提高学生运动技术水平；⑤积极组织各种形式的体育竞赛活动，活跃课余文化生活；⑥协助做好体育场馆设施、器材的保养、维修；⑦积极做好学校体育宣传工作，提高学生对体育活动重要性的认识水平；⑧积极开展体育教学改革和科学研究工作。

（一）制订体育师资队伍建设计划

1. 科学制订体育教师编制计划

科学制订体育教师编制计划的依据如下。

（1）2017年修订的《学校体育工作条例》。

（2）以"师生比"或教学工作量为标准的定编方法。

（3）体育教师所承担的体育课教学、课外群体活动、课余训练竞赛等教学工作量总和。

2. 制订学校体育课时工作量计划

确定学校体育课时工作量的依据如下。

（1）全日制学校在校生必修和选修体育课总量。

（2）继续教育学生必修和选修体育课总量。

（3）课外群体活动指导。

（4）课余训练工作，校内外体育竞赛活动。

（5）学生各种达标测试等。

3. 制订体育教师培训计划

（1）攻读学位。

（2）各种短期培训。

4. 制订体育教师引进计划

教师队伍的建设，要强调师资队伍结构的合理性。一方面是教师队伍的群体结构，另一方面是教师的个体结构。应注意根据学校的实际需求，有计划地引进不同层次、满足工作要求的专业教师。

5. 制订体育学术交流计划

根据本单位的体育学术交流有关规定，合理安排经费，鼓励体育教师参加学术交流活动。

（二）加强体育教师组织管理

1. 组织管理机构

（1）机构设置：人事处、教务处、体育部（教研室、组）。

（2）制度建设：加强和落实职责分工，制定完善的管理规定，强化培训工作。

2. 管理方法

（1）常用方法：行政、法律、经济、教育等方法。

（2）制约方法：对职称评聘、岗位津贴等的评审、考核。

3. 制定明确的管理规定

（1）指导思想要定位于鼓励"能者上，平者让，庸者下"和多劳多得。

（2）对教学、科研工作量进行量化，建立量化评审指标体系。

（3）坚持方案制订民主，量化结果公开，评聘结果公布，广泛接受监督。

四、学校体育经费管理

《学校体育工作条例》明确规定：学校体育经费应纳入核定的年度教育经费预算内，予以妥善安排；地方各级人民政府应安排一定数额的体育经费，以保证学校体育工作的开展；国家和地方各级体育行政部门在经费上应尽可能地对学校体育工作给予支持；国家鼓励各种社会力量及个人自愿捐资支援学校体育工作。

（一）学校体育经费的收入渠道

（1）事业拨款，即从教育行政部门按学生人数下拨的教育事业经费中用于体育的比例部分，包括：①体育维持费，用于维持正常学校体育工作开展；②体育设备费，用于购置大型体育设备；③专项经费，用于学校体育场馆建设。

（2）学校筹措资金，是指学校内部创收、校办产业等方面划拨给体育教师的奖金福利经费，一般用于体育教师的课时酬金补贴。

（3）社会集资，是指学校或体育教学部（室）因举办重大比赛、参加重大比赛和体育场馆建设等向社会各界募集到的赞助费。

（4）自行创收，是指由体育教学部（室）通过合法的手段向师生和社会人员提供有偿服务而获得的收入。

（二）学校体育经费的支出内容

（1）体育维持费：维持正常体育教学、课外群体活动、运动队训练竞赛、场馆器材维护、图书资料添置。

（2）体育设备购置费：购置大型体育器材设备。

（3）专项建设费：建设体育场馆。

（4）奖金福利和后勤经费：用于体育教师和行政后勤人员的相关支出。

（5）日常办公经费：用于体育管理机构日常办公消耗。

（三）学校体育经费预算

学校体育经费预算的依据如下。

（1）国家和学校的有关财政法规制度。

（2）本年度学校经费预算的指导思想。

（3）学校对经费预算的内容要求。

（4）上年度收支指标完成情况分析和决算财务分析。

（5）本年度开展学校体育工作所需要的经费预测或与上年度相比主要增减项目。

（6）本年度学校体育自我创收经费估计。

（7）熟悉预算科目和预算表格。

五、学校体育场地、器材及设备管理

学校体育场地与器材管理包括以下内容。

（1）依据国家有关规定，要求学校将体育场馆建设纳入学校建设规划，将体育器材设备添置纳入学校教学仪器供应计划。

（2）从学校体育场馆器材管理的实际出发，建立相应的体育场馆器材管理机构。具有一定规模的学校应设立体育场馆器材管理科（室），规模小的单位也应安排专职人员管理场馆器材。

（3）制定各种体育场馆器材管理规定，包括体育场馆的使用管理规定、体育器材设备的购置管理规定、体育器材设备的报废处理管理规定、体育器材的借用管理办法、体育场馆器材设备维护管理规定等。

（4）在确保正常体育教学、训练竞赛和课外体育活动的前提下，积极利用现有体育场馆与器材条件，为校内外提供有偿服务，创造经济效益。

六、学生体质与健康管理

我国 2001 年开始实施的《体育与健康课程标准》中，提出了"健康第一""以学生为本"的学校体育改革理念。终身体育、增强学生体质、全面提升学生的健康（心理、生理、社会交往）水平，更加突出地摆在广大学校体育工作者的面前。学生体质与健康水平的提高，始终是我国学校体育追求的重要目标。学生体质与健康的管理，在新的历史时期显得尤为重要。

（一）学生体质与健康管理的依据

（1）国家教委、国家体委、卫生部、国家民委、国家科委于 1989 年颁发的《全国学生体质、健康状况监测实施方案》；1990 年颁布的《学校卫生工作条例》；2017 年修订的《学校体育工作条例》。

（2）教育部颁布的《体育与健康课程标准》的目标要求；2014 年修订的《国家学生体质健康标准》。

（3）国家及地方政府有关学生体质与健康的各项政策、措施和条例等，如《全民健身计划纲要》《国家体育锻炼标准》等。

（二）学生体质与健康管理的内容

（1）从身体形态、身体机能、身体素质等方面综合评定学生的体质健康状况。

（2）根据国家、地方制定的有关学生体质管理规定与要求，建立相应的管理机构，体育教学部（室）结合学校卫生等部门建立专门的体质与健康监测、管理部门。

（3）根据《国家学生体质健康标准》和学生生长发育的特点，制定各年龄段学生体质测定的指标体系、测试办法、测试要求，对学生体质与健康进行定期检查。

（4）对学生进行健康教育。

（5）建立学生健康档案。

七、学校体育科研管理

（一）学校体育科研管理的主要内容

（1）选择并制订体育科研计划。

（2）科学地组织学校体育科研队伍，并按科研工作需要和个人能力组织科研人员。

（3）建设相应的研究室、实验室、课题组。

（4）为学校体育科研工作提供必要的物资。

（5）提供体育科研工作所需的图书与情报资料。

（6）加强研究人员的培训工作。

（7）组织成果鉴定、推广和评奖等。

（二）学校体育科研管理的具体方式

1. 制订学校体育科研计划

（1）搞好学校体育科研计划与体育科研规划的衔接。

（2）客观真实地分析单位或相关研究范围内的科研人员结构状况。

（3）实事求是地分析某些体育科研计划，掌握本校所具备的科研条件。

2. 加强学校体育科研组织

（1）设立学校体育科研机构。

（2）明确学校体育科研职责。

（3）建立学校体育科研管理制度。

3. 加强学校体育科研控制

（1）根据具体情况及时修改、调整计划。

（2）针对项目、课题在研究过程中出现的新情况及时进行人员调整和重组。

（3）经费分配应根据项目、课题进展情况及时进行调拨和再分配。

（4）根据需要及时配备或更换科研仪器、设备。

（5）加强进度监管，及时发现问题，分析原因，采取适当措施。

（6）应明确项目、课题负责人对科研工作所负的重大责任。

八、学校体育宣传工作管理

（一）意　义

（1）加强学校体育宣传工作，可以提高学生的体育认识，增强其自觉、科学锻炼的积极性。

（2）使学生及时了解国内外重要体育新闻，活跃校园体育文化氛围。

（3）增强爱校、爱国的向心力和凝聚力，激发学习热情。

（二）手　段

（1）建立一定的组织和制度，形成以宣传部、团委、学生会、学生记者为主线的校内宣传体系。

（2）充分发挥校园网、校报、校内广播电视和宣传栏的作用。

（3）通过墙报、黑板报、广播、体育摄影作品展览等手段进行宣传，注重生动性、及时性、趣味性、科技性等。

（4）注意体育宣传的计划性、及时性。

第三节　学校体育管理效果的检查与评价

检查与评价是管理过程中的重要内容，是管理控制职能的具体应用。

学校体育管理效果检查与评价是全面贯彻党的教育方针、实现学校体育目标的重要措施，是促进学校各项工作顺利开展、调整学校发展方向朝着科学的决策前进的重要手段。

一、学校体育管理效果检查与评价的内容

对学校体育管理工作进行检查与评价，就是对学校体育管理所包含的内容进行检查与评价。其检查与评价的方式，既可以是综合性的，也可以针对某项内容

进行专门的检查与评价。如教育部对全国各普通高等本科院校开展的本科教学质量评估，属综合性检查与评价；某校开展的针对课堂教学质量的检查与评价，则是专项性的。

（一）学校体育管理体制检查与评价的内容

学校体育管理体制检查与评价的内容主要包括：学校是否已设立以校领导为首的各层学校体育管理机构，学校体育管理各层次的职责是否明确，学校体育的重大发展规划能否及时提交校长办公会讨论，分管的校领导能否经常关心学校体育工作的开展，学校体育规章制度是否已建立和健全等。

（二）学校体育教学检查与评价的内容

学校体育教学检查与评价的内容主要包括：各类教学文件是否齐备，体育课教学质量是否得到保证，《体育与健康课程标准》的贯彻与落实情况等。

（三）学校体育课外活动的检查与评价的内容

学校体育课外活动的检查与评价的内容主要包括：学生锻炼的出勤率，《国家学生体质健康标准》测试率和通过率，早操、课间操的组织与实际开展情况等。

（四）课余训练与竞赛检查与评价的内容

课余训练与竞赛检查与评价的内容主要包括：传统项目的优势程度，训练计划的制订与实施情况，竞赛计划的制订与实施情况，后备人才培养的质量与输送情况，运动竞赛的成绩等。

（五）体育师资队伍检查与评价的内容

体育师资队伍检查与评价的内容主要包括：体育师资队伍的群体结构，体育教师的个体结构，体育教师的敬业精神和教书育人的效果，体育教师的工作量完成情况，体育教师的业务培训情况等。

（六）学校体育科研检查与评价的内容

学校体育科研检查与评价的内容主要包括：体育科研成果的获取情况，体育科研情报的拥有情况，体育教育教学科研成果的应用情况等。

（七）学校体育教学条件的检查与评价的内容

学校体育教学条件的检查与评价的内容主要包括：体育场馆器材的配备是否符合相关要求，体育经费占教育经费的比例等。

（八）学校体育宣传检查与评价的内容

学校体育宣传检查与评价的内容主要包括：学校各类出版物对体育宣传的占有比例，校内各传播媒体、墙报、宣传栏等对体育新闻及科技、技术等知识的宣传量，各宣传管理部门是否有专门的体育宣传管理人员等。

二、学校体育管理效果检查与评价的程序和方法

（一）学校体育管理效果检查与评价的程序

1. 组织准备阶段
（1）明确组织检查与评价的部门和被检查与评价的范围（单位、个人）。
（2）确定检查与评价的目的。
（3）选择检查与评价的方法。
（4）建立检查与评价指标体系。
（5）安排检查与评价的进度。
（6）组织遴选参与检查与评价的成员。
（7）准备检查与评价的用具。

组织准备阶段主要进行检查与评价前的思想准备、组织准备和资料准备。通过学习与动员，端正思想观念和态度，明确检查与评价各指标体系与要求，积极准备各类实际材料，为检查与评价提供全面、客观、清晰的备查材料。

2. 检测实施阶段
（1）全面搜集检查与评价信息。
（2）处理检查与评价信息。
（3）做出检查与评价结论。

3. 总结阶段
（1）对检查与评价结果做出客观的分析，肯定成绩，找出问题，帮助并指导

被评单位做出相应的调整决定，以便实现最终目标。

（2）向被检查与评价对象反馈检查与评价结果和原因分析，并向有关部门做出检查与评价报告。

（二）学校体育管理效果检查与评价的方法

学校体育管理效果检查与评价的方法包括：相对评价与绝对评价；定性评价与定量评价；形成性评价与终结性评价；专项性评价与综合性评价。

第七章　运动训练管理

第一节　运动训练管理概述

一、运动训练管理的概念

运动训练管理是指管理者在遵循运动训练客观规律的基础上，运用有效的手段和方法，为了不断提高效率，实现训练工作目标，而对运动训练进行计划、组织、控制、协调的综合活动过程。

二、运动训练管理系统及其组成因素

（一）运动训练管理系统

运动训练管理系统是由管理者和被管理者组成，以教练员与运动员"训与练"的关系为核心，以物质保证、医学监督、科学指导、文化教育等为保障，具有明确目标组成的有序系统。

（二）运动训练管理系统的组成因素

1. 人

运动训练人员主要包括运动员、教练员和各级行政人员。随着现代运动训练

向科学化发展趋势的逐渐深入，对运动员的文化教育、科学指导、医学监督及物质保障的要求逐渐提高。因此，运动训练内容的扩大，在一定程度上拓宽了运动训练人员的范围，相关的科研人员、领队、文化教员、运动康复人员等也出现在了运动训练人员之列。

2. 财

运动训练和比赛需要大量的经费支持。运动训练经费的筹集和合理使用是运动训练管理的重要内容。

3. 物

运动训练的开展依靠专业的硬件设施（如体育场馆、器材等），为了发挥硬件设施的最大效用，必须做到科学管理、合理使用。

三、运动训练管理的运作方式

运动训练管理的运作方式有政府主导型运作方式、社会化运作方式和结合型运作方式三种类型。

（一）运动训练管理运作方式的类型

1. 政府主导型运作方式

（1）运作目标：通过竞技体育提高国家的国际地位，并显示其制度的优越性，激发国内人民的自信心和自豪感，增强凝聚力。

（2）组织方式：政府扮演了运动队的所有者、管理者和参与者等多种角色，直接控制运动队的运行。

（3）经营方式：政府对运动队实行全额拨款，不足部分由政府追加，运动队作为纯消耗性的事业单位，对资金的使用不承担任何责任。运动队不存在独立的经济利益，责任由政府承担。运动项目的设置，运动队的目标、数量、人员编制、伙食标准、服装供应、工资标准等都要服从上级的统一安排。

（4）约束方式：① 对运动队及成员的组织约束；② 对运动队采取非经济的行政手段进行直接调控。

（5）激励方式：① 行政奖励；② 对运动队人员的精神激励。

2. 社会化运作方式

（1）运作目标：充分发挥社会办体育的积极性，最大限度地利用社会资源，通过比赛实现俱乐部经营利润的最大化是其最基本的目标。

（2）组织方式：采取职业联盟协调下的职业体育俱乐部的组织方式。

（3）经营方式：收入一般由门票、媒体转播费、赞助与广告、商务开发等构成。

（4）约束方式：契约约束、竞争约束、经济处罚约束和社会舆论约束。

（5）激励方式：工资差别、比赛奖金。

3. 结合型运作方式

结合型运作方式是指运动训练管理受政府监管，由企业运作的运行模式。

（二）我国运动训练管理的运作方式

当前，我国运动训练管理改革的总体目标：改变原来单纯依靠国家和主要依靠行政手段办体育的高度集中的体育体制，建立与社会主义市场相适应的、符合现代化体育运动规律、国家调控、依托社会、有自我发展活力的体育体制和良性循环的运行机制，形成国家办与社会办相结合、集中与分散相结合的格局。由此，出现了社会化运作方式、政府主导型运作方式和二者结合型运作方式。

1. 社会化运作方式（足球、篮球）

（1）在组织方式上，采取项目管理中心管理下的职业体育俱乐部的组织形式。

（2）在项目管理中心与职业体育俱乐部的关系上，项目管理中心制订并组织实施此项目的职业联赛，并规定竞赛制度、竞赛计划、规划和裁判规则等；对职业运动员实行注册管理，管理各级国家队；负责和指导此项目职业俱乐部建设和后备人才培养；负责组织教练员、裁判员、会员协会、俱乐部有关人员培训等。

（3）在经营目的上，职业体育俱乐部是独立经营、自负盈亏的经济实体，其经营以盈利为根本目的。

（4）目前，我国职业体育俱乐部的收入主要来自赞助商的赞助、门票及少量的媒体转播费和广告费。

（5）我国职业体育俱乐部在运动员和教练员的管理上实行工作合同制、聘任制。在运动员转会、员工聘用方面，各俱乐部普遍实行工作合同制。

（6）对运动员的管理，俱乐部还引入竞争机制和奖惩机制来调动运动员训练的积极性。

2. 政府主导型运作方式

这种运作方式较适合缺乏广泛的群众基础，但能进行市场化运作方式的运动项目，如射击、体操、举重等。

3. 结合型运作方式

结合型的运作方式既保留了举国体制下运动队的一些特征，也具备了职业体育俱乐部的一些特征。例如，乒乓球采用了"双轨制"：①组织形式上为俱乐部与省、市队并存的双轨制，政府与企业在经费上双重投入；②体育局与企业对俱乐部实行双重管理；③运动员实行双重身份制，既可参加省市代表队，又能代表俱乐部参赛。双轨制既没有对乒乓球原有训练体制进行根本性的改革，保证我国乒乓球项目在国际上的优势地位，又能利用社会资金实现俱乐部和运动队共同发展。

第二节　运动训练管理内容

一、运动训练人员管理

（一）教练员管理

（1）制订各项目教练员选拔聘任计划。

（2）制订运动训练计划。

（3）明确教练员职责权限。

（4）教练员的培训、考核与晋升。

（二）运动员管理

1. 运动员选配

选配运动员要从实际出发，有以下具体要求：

（1）根据运动员的需求量，即根据供求关系确定运动员的选配。

（2）依据运动员的层次结构（比例）选配。在我国，比较理想的一、二、三级运动员数量比例为1:2:10。但不同的项目具有不同的特点，比例也有所不同。

（3）不同项目区别对待。运动员的配置必须向奥运会项目倾斜，同时考虑项目的实力、影响力和获奖效益等客观因素。

2. 运动员的合理流动

（1）我国运动员人才流动的现状：虽流动但不平衡，且阻力大，主要阻力是目前没有相关的、完善的政策和法规。

（2）运动员合理流动的具体方法：① 立足于开发本省、区、市和本单位人才，流动只是一个补充；② 以国家利益为主，体现举国体制，兼顾地方和个人；③ 双方受益；④ 保护边远、落后地区利益。

（3）促进运动员合理流动的具体办法：① 代训流动法，是一种有偿流动，即委托单位向代训单位支付一定的代训费；② 借聘合同流动法，即与人才缺乏和人才过剩的地区签订借聘合同；③ 公开招聘和招考法；④ 交流互补流动法；⑤ 自由选择流动法；⑥ 有偿转会流动法。

3. 运动员管理方法

（1）目标激励法

所谓目标激励，就是确定适当的目标，诱发人的动机和行为，达到调动人的积极性的目的。目标具有引发、导向和激励的作用。运动员投身体育运动事业，并将此作为自己的职业，自然希望在所从事的项目上大显身手，通过运动比赛的成绩来实现自己的人生价值。因为追求好的运动成绩是每一位运动员的奋斗目标，所以运用目标激励的方法定会激发他们训练的热情。

运用目标激励法时，要注意目标选择的可及性。确定的目标不能好高骛远，也不应轻而易举就实现，只有那些经过奋力拼搏而实现的目标才能产生激励作用。因此，在运用目标激励法时，可采用阶段目标确立法和总目标分解法。

（2）责任激励法

管理心理学的研究表明，参与才有责任感。教练员要善于吸纳运动员参加训练工作、计划制订等活动，使运动员认识到这一训练计划的安排是自己参与制订的，进而形成目标实现的责任感。例如，教练员经常召开赛前准备会，经过全体运动员集思广益且有针对性地制订的技战术方案就容易被队员所接受，并能够主动地去完成。

（3）奖惩激励法

每个人都希望从别人那里得到赞扬，而不是批评。为了达到这种目的，表扬和批评就会分别对运动员产生吸引力和压力，从而产生训练动力。然而，在表扬时要注意物质奖励与精神奖励的统一；在批评时又要讲究方式方法，避免挫伤运动员的训练积极性。把握批评的时机是形成最佳批评效果的关键。

（4）利益驱动法

利益是在规定范围内，通过自己的能力、贡献而得到的正当收获。目前，各行各业所进行的人事分配制度改革中的岗位津贴或业绩贡献奖等，就是采用正当利益驱动刺激人们全职服务于本职工作的具体体现。当今，我国各体育职业俱乐部对运动员的贡献奖和高额年薪制，都是驱动广大运动员奋力拼搏的有效方法。

（5）思想教育法

思想教育工作是克服困难、解决问题的有效武器。深入细致的思想教育工作可以帮助运动员树立正确的人生观和价值观；可以化解矛盾，消除误解，使大家的思想行动统一起来；可以变消极为积极，变被动为主动，使运动员的积极性被充分地调动起来。

二、运动训练科研管理

（一）我国运动训练科技发展战略

（1）增强科研工作的参与意识、保驾意识、服务意识。

（2）要在提高训练效益，减少无效训练，克服训练工作的盲目性、随意性上下功夫。

（3）围绕比赛的任务，科研服务工作要分清阶段和步骤，体现工作的针对性和重点。

（4）科学宏观管理从依靠行政手段向运用经济杠杆转变。

（二）科研管理的措施

（1）强化领导体制，形成训练—科研一体化的结构体系。

（2）加快综合训练科研基地的建设，提高训练科研效能。

（3）科学确定重点学科、重点项目、重点课题。

（4）创造有利于科研的学术氛围。

（5）加强运动训练科研信息管理。

三、运动训练经费管理

（一）运动训练经费的来源

（1）政府的财政拨款。

（2）经营创收。

（3）社会投资。

（二）运动训练经费的使用

运动训练是一个复杂的系统工程，须动用大量的人力、财力、物力。就我国国情来看，训练经费不足是实际问题。如何合理分配、使用有限的资金，是运动训练经费管理的重要课题。因此，应坚持以下几个原则：①要健全和完善财务管理制度；②要坚持有计划、按规定用款；③要确保重点，提高经费的使用效率，尽可能少花钱、多办事；④要严格管理，精打细算。

四、运动训练场地设施管理

（一）我国运动训练场地设施的现状

目前，我国已有六十多万个体育场地设施，二十多个训练基地。

（二）运动训练场地设施的管理

（1）依靠立法，确保体育场地设施的建设和管理。

（2）转变经营机制，扩大对外服务。

（3）建立并完善岗位责任制，提高场馆的使用率。

（4）要定期检查和维修体育设施，并对体育设施、器材用品实行登记保管、购置验收、领借签字、报废审核等严格的管理办法。

五、普通高校高水平运动队管理

（1）设置科学的高水平运动员培养目标。

（2）制订科学的高水平运动员培养方案。

（3）改革和建立教育系统优秀体育后备人才的培养体系。

（4）改革竞赛制度，使"体教结合"变成现实。

（5）强化竞赛管理法制化程序。

（6）完善高水平运动员校内激励机制。

（7）强化教练员队伍管理。

（8）正确处理社会资助中的各方利益关系。

第八章　社会体育管理

社会体育管理指为推动社会体育的发展，对与之开展的各种社会体育活动有关的因素和资源（人、财、物、信息、时间等）进行计划、组织、控制、协调、指导等，以期达到社会体育总体目标的综合活动。社会体育的管理具有管理目标的多样性、管理边界的模糊性、管理系统的复杂性、管理体制的社会性等特点。社会体育管理的主要内容包括：社会中经常参加体育活动的人数或体育人口占社会人口的比例；社会体育的经费投入；开展社会体育活动的场地设施数量；社会体育干部和社会体育指导员的培训；国民体质发展水平。社会体育管理的基本要求是：以指导性计划为主；以宣传教育为主；以依法管理为主；以扶持支持为主。

第一节　社会体育的宏观管理

一、各级体育行政部门对社会体育管理的主要职能

各级体育行政部门对社会体育管理的主要职能是：国务院体育行政部门主管全国体育工作，国务院其他有关部门在各自的职权范围内管理体育工作；县级以上地方政府部门或本级政府授权机构主管本行政区域内的体育工作。

二、体育行政部门社会体育管理工作的主要内容

（1）制订社会体育的发展规划。
（2）制订各类社会体育管理的制度、政策及规定。

（3）加强社会体育指导员队伍的建设和管理。

（4）进行社会体育工作的监督、检查、评比。

（5）扶持体育社会组织建设。

（6）组织开展国民体质测试工作。

（7）建设、完善社会体育竞赛制度。

（8）借助各种新闻媒体，运用各种宣传方式，积极开展社会体育的宣传教育工作。

（9）组织开展社会体育科学研究。

（10）加强对体育经营活动的管理。

三、体育行政部门管理社会体育工作时应注意的问题

（1）在管理观念上，要坚持社会效益第一，重在服务。

（2）在管理战略上，应抓住重点，协调发展。

（3）在管理形式上，要依法行政，管办分离。

（4）在管理机制上，要政策发动，社会参与。

第二节　各类社会体育活动的组织管理

一、职工体育管理

（一）概　念

厂矿、企事业单位和其他机构以健康娱乐为目的，丰富职工业余文化生活，促进职工身心全面发展的体育活动。

（二）地位与功能

1. 地　位

职工体育可以激发职工的潜能，提高他们的合作与竞争意识，增强企业团队的活力、创造力和凝聚力，达到提高团队整体绩效的目的。可以说，职工体育是塑造企业文化的重要载体，是企业不可或缺的重要工作内容。

2. 功　能

体育运动能促使身体正常、健康地发展，并为职工心理发展提供坚实的物质基础。

（三）工作方针、特点与基本要求

1. 方　针

职工体育工作的方针为"一中心，两服务，三面向"。

2. 特　点

职工体育工作的特点包括：群众性、经常性、自愿性、业余性、娱乐性、实用性。

3. 基本要求

职工体育活动要做到：规模小、多样、业余、自愿、就地、节约、灵活、有正确的指导。

（四）领导体制

（1）工会具体领导职工体育工作。

（2）体育局具有指导、配合、协调作用。

（3）行业体育协会领导本行业的职工体育工作。

（4）基层工会具体组织、领导基层单位职工体育工作。

（五）管理目标

职工体育的主要工作目标是通过广泛宣传和开展丰富多彩的职工体育活动，不断增强广大职工体育健身意识，增加经常参加体育活动的职工人数，进一步改善职工体育健身活动的设施条件，建立健全的职工体育组织，切实提高广大职工的身体素质和健康水平，形成全社会共同关注和支持职工体育的良好氛围。

二、城市社区体育管理

(一) 概　念

城市社区体育管理指城市中以社区服务为单位，以社区居民为主要对象，以社区自然环境和体育设施为物质基础，就地就近开展的区域性群众体育活动。

(二) 特　点

(1) 参与对象的区域性。
(2) 活动设施的公共性和公益性。
(3) 体育组织的群众性。
(4) 指导与被指导关系的平等性。

(三) 组织形式

(1) 城区体育局或街道办事处牵头建立的体育组织，主要包括：①体育协会；②体育运动委员会；③文体协调委员会。
(2) 以大中企业为龙头的体育组织。

(四) 管理要求

(1) 领导重视，纳入目标管理是关键。
(2) 组织落实，机构健全是保证。
(3) 多方集资，解决经费来源是条件。
(4) 建立社会体育指导和社会体育骨干队伍是重要环节。
(5) 保证体育场地设施是基础。
(6) 增强人民体质，丰富群众业余文化生活是根本目的。

三、农村体育管理

（一）概　念

为实现农村体育目标，对农民体育进行的计划、组织、控制、协调等一系列活动过程。

（二）组织形式

（1）县级体育组织。

（2）乡镇体育组织。

（3）村体育组织。

（三）特　点

（1）参加对象的分散性。

（2）活动时间的不稳定性。

（3）体育观念的保守性。

（4）经济条件的滞后性。

（5）活动项目的民俗性。

（6）活动场地的天然性。

（四）管理方式

（1）发挥乡镇企业的龙头作用。

（2）发挥复退军人和学生的骨干作用。

（3）发挥乡村干部的带头作用。

（4）参加"亿万农民健身活动"先进乡镇和"全国体育先进县"评选，以参评促发展。

第三节　社会体育的基本法规制度

一、《中华人民共和国体育法》对社会体育的规定

（一）《中华人民共和国体育法》的地位和作用

1. 地　位

《中华人民共和国体育法》（以下简称《体育法》）作为一部国家级立法层次的专门法律，从总体上对我国体育事业发展做出了全面规范与保障，是我国体育的基本法，是制定其他体育法律法规的基础，是我国发展体育事业、开展体育工作的基本纲领和总章程。

2.《体育法》的作用

（1）为贯彻落实宪法原则，保障公民的体育权利提供了重要的法律依据。

（2）为体育工作依法行政，实现以法治体创立了直接的法律规范。

（3）为巩固扩大体育改革开放成果，促进体育事业发展建立了全面的法律保障。

（4）为建立健全体育法规体系，进行配套的体育立法奠定了坚实的法律基础。

（5）为加强社会主义法制建设，促进经济与社会的发展增添了新的法律内容。

（二）《体育法》对社会体育的基本规定

《体育法》中涉及社会体育的规定共有七条，主要规定了提倡公民参加社会体育活动、开展社会体育活动应坚持的原则、社会体育的基本制度、城市体育、农村体育、机关与企业事业体育、民族民间传统体育及老年人体育和残疾人体育等内容。

（三）《体育法》确立的体育工作基本方针

体育工作以国家发展体育事业、体育为提高全民族身体素质服务和促进各类

体育协调发展为基本方针。

（四）《体育法》确立的体育工作原则

通过立法确立的体育工作原则为：①体育为经济建设、国防建设和社会发展服务；②国家和社会共同办体育；③保障公民的体育权利；④依靠科技进步发展体育事业；⑤保障和推进体育管理体制改革；⑥鼓励开展对外体育交往。

二、《全民健身计划纲要》对社会体育的规定

（一）《全民健身计划纲要》的基本内容

1. 发布时间
《全民健身计划纲要》（以下简称《纲要》）发布于 1995 年 6 月 20 日。

2. 性　质
《纲要》是一项由国家领导、社会支撑、全民参与的体育健身计划，是与实现社会主义现代化目标相配套的社会系统工程和面向 21 世纪的体育发展战略规划。

3. 内容架构
《纲要》内容架构为：面临的形势、目标和任务、对象和重点、对策和措施、实施步骤。

（二）《纲要》的基本精神

1. 出发点和落脚点
人民利益，党的中心工作，社会发展全局。

2. 核心和主题
动员引导群众参与锻炼，普遍增强群众体质。

3. 主　线
改革体制机制，形成全民健身新格局（国家领导，社会支持，全民参与，政府、社会、个人三者结合，单位、社区、家庭共同发展）。

4. 突出特色
建立具有中国特色的全民健身体系的基本框架。

(三)《纲要》的主要特点

《纲要》有四个主要特点：①通过政府行为发展全民健身事业；②采用系统工程办法；③社会化途径；④整体规划，分阶段实施，滚动式前进。

(四)全民健身"一二一"工程

1. 提倡国民做到

每人每天参加一次以上体育健身活动，学会两种以上体育健身方法，每人每年进行一次体质测定。

2. 提倡家庭做到

每个家庭要拥有一件以上体育健身器材，每个季度全家进行两次以上的户外体育活动，每个家庭有一份（册）以上体育健身报刊图书。

3. 提倡社区做到

能够提供一处以上体育健身活动场所，每年组织两次社区范围的体育健身活动，建立一支社会体育指导员队伍。

4. 强调学校做到

保证学生每天参加一小时体育活动，每年组织学生开展两次远足、野营活动，每年对学生进行一次身体检查。

(五)《纲要》实施步骤

1. 第一期工程（1995—2000 年）

本期分为以下三个阶段：

第一阶段（1995—1996 年）：进行宣传发动和改革试点，初步掀起一个全民健身活动热潮，其中具体实施方案为"全民健身一二一工程"。

第二阶段（1997—1998 年）：通过重点实施、逐步推进，形成崇尚健身、参与健身的社会环境和社会风气。

第三阶段（1999—2000 年）：全面展开全民健身计划的各项工作并普遍取得成效，建立具有中国特色的全民健身体系的基本框架。

2. 第二期工程（2001—2010 年）

经过十年的努力，把全民健身工作提高到一个新的水平，基本建成具有中国特色的全民健身体系。

三、社会体育的其他法规制度

（一）《社会体育指导员技术等级制度》

1. 性　质

《社会体育指导员技术等级制度》是对社会体育工作进行管理的一项具体法规制度，是面向广大社会体育工作者的非职务性的资格认定制度。

2. 意　义

（1）有利于组织群众锻炼，促进社会体育社会化。

（2）有利于对体育健身进行科学指导，促进社会体育的科学化。

（3）规范了体育市场和社会体育指导员的经济行为，促进体育产业的良性发展。

（4）确立了社会体育指导员的社会地位，促进这支队伍的发展。

（5）促进了社会体育的法规建设，完善了我国体育法规体系。

3. 主要内容

（1）社会体育指导员的作用和职责

① 作用：推动体育事业的全面发展；增进公民身心健康，提高生活质量；促进两个文明建设。

② 职责：采取各种方式方法，组织和带领群众积极开展各种健身活动；积极宣传科学健身知识，进行科学健身的指导，有效提高群众的健身锻炼效果；对群众进行合理体育消费和健身投资的正确引导和有效帮助。

（2）社会体育指导员的条件与素质要求

① 基本条件：思想与工作表现条件、申请的资格条件。

② 分级条件：等级称号共分四级，即三级、二级、一级和国家级。分级条件可分为两部分：一是资历条件，二是能力业绩条件。

③ 素质要求：一是思想道德素质；二是科学文化素质；三是工作能力素质；四是良好的身体素质和心理素质。

（3）社会体育指导员的培训和考核

① 培训对象和培训方式：国家级和一级采用集中培训方式，二级、三级则采用自学教材和统一考试相结合的培训方式。

② 培训内容：政策理论知识、社会体育理论知识、组织管理知识与能力、锻炼指导知识与能力、基本科学研究知识、其他（自选）。

③ 考核与结业：按国家体育总局规定的统一考试大纲，采用闭卷考试方式进行考核，并对培训时间做出明确的规定。

（4）社会体育指导员等级称号的申请和审批

① 申请：经过业务培训，考核合格，均可提出申请。

② 批准授予：由县（区）体育行政部门、地（市）体育行政部门、省（区）体育行政部门和国家体育总局分别行使三级、二级、一级和国家级社会体育指导员称号的批准授予权。

（5）社会体育指导员从事社会体育工作的主要方式

① 义务从事社会体育指导工作。

② 可以开展社会体育指导的有偿服务。

③ 可以开展经营性的社会体育指导工作。

④ 可以应聘担任社会体育指导工作。

（6）社会体育指导员的工作管理

① 管理机构：在国家体育总局的领导下，由各省（区、市）、地（市）、县（区）体育行政部门分级负责。各级体育行政部门的群众体育机构和其他被确定的机构是社会体育指导员的主管机构。

② 管理工作的主要内容：除做好评审、批准授予的管理外，还要做到日常工作管理、定期注册管理、迁移管理、奖惩管理和体育市场管理。

（二）《社会体育指导员国家职业标准》

2001 年，国家体育总局、国家劳动和社会保障部颁布了《社会体育指导员国家职业标准》，标志着我国社会体育指导员的职业化进程迈入了实质性发展阶段。《社会体育指导员国家职业标准》的法律根据是《中华人民共和国劳动法》，这类社会体育指导员主要从事社会体育的有偿指导工作，其性质是将社会体育指导员纳入国家劳动服务管理体系，使该行业进入社会体育产业市场。社会体育指导员主要从事社会体育和全民健身的经营和指导服务。

第九章　体育人力资源管理

第一节　体育人才的招募与培训

一、人员招募与甄选

人员招募与甄选是一个寻找合适工作人员的过程。在分析和了解现有人员优缺点、人员缺口、岗位职责的要求后，就需要实施岗位招聘。

（一）招聘启事

一份有效的工作招聘启事应能够提供简要清晰的岗位基本信息，可以吸引符合条件的应聘者，排除不感兴趣和不满足要求的人员。

（二）招聘途径

一旦确定需要填补某一空缺职位，下一步任务就是建立求职者人才库，所有招聘的人员可以从外面，也可以从机构内部选拔产生，主要可通过以下途径和方式发布招聘信息，实施人员招聘。

1. 传统媒体的广告

借助传统媒体发布包括招聘信息的广告时应考虑：①选用何种媒体；②如何构思广告。所要招募的职位类型往往会决定何种媒体是最好的选择，是地方报纸、某种技术性杂志，还是电视广告。通过传统媒体发布招聘广告，不仅可有效扩大企业的影响力，还可以借助传统媒体的巨大网络较广泛的发布招聘信息。

2. 新媒体的招聘服务

网络作为新媒体的代表，可以在人员招聘中发挥重要的作用。网络招聘服务可为个人用户提供网上求职、简历中心、求职指导等个性化服务；同时为企业客户提供以网络招聘为核心的人才解决方案。无论是求职者还是企业的人力资源管理部门，都可以获得招聘网站提供的专业服务和即时的信息互动。

3. 就业服务机构

就业服务机构主要包括两种类型：①各类学校的就业指导中心；②地方政府开办的就业服务机构，如人才市场。通过学校的就业指导中心进行校园招聘，费用少且针对性强，是获得潜在管理人员及专业技术雇员的一条重要途径。

无论是通过哪种就业服务机构实施的招聘都应注意：①要向就业服务机构提供一份精确而完整的工作描述；②限定就业服务机构在潜在工作申请人筛选过程中所使用的程序或工具，确定其所用的筛选手段和决策程序。当然，最好能同多家就业服务机构建立长期的关系。

4. 猎头公司

猎头公司常被企业用来搜寻高层管理人才，它可能是招募高层管理人才的唯一选择。前几种途径很难招聘到企业所需要的关键性高层管理人才，他们可能已经被别的公司雇用，并对当前的工作比较满意。虽然通过猎头公司组织招聘需要支付相应费用（这笔费用其实和自己组织招聘所需的费用差异不大），但可以帮助经营者把精力集中起来，去判别由猎头公司仔细挑选后推荐的人选。不仅省时省力，而且更容易找到真正合适的人选。

5. 推　荐

员工推荐主要是鼓励现有雇员向经营者介绍新的工作候选人。对那些推荐候选人较多的员工，经营者还可付给一定数额的奖励。这种做法可以通过减少广告费和招募代理费来降低企业的招募成本，并可能使企业得到较高质量的雇员（因为许多人不愿意向企业推荐素质较低的候选人）。

（三）人员的甄选

人员甄选一般要经过初步甄选、测试和面试三个基本环节，通过逐级深入的筛选逐步确定合适的人选。

1. 初步甄选

初步甄选一般可以采用应聘申请表和推荐信这两种方法。

（1）应聘申请表。应聘申请表是为了了解应聘者的资格而使用的申请表格。应聘申请表一般应包括应聘人姓名、性别、联系方式、照片、教育和工作经历、相关经验及资质证书、期望应聘的岗位及其排序等。有时也可根据需要增加对其兴趣和能力进一步了解的项目。一般情况下，通过对应聘申请表相关信息的初步考察，可以有效地淘汰不符合要求的应聘者，也可以根据应聘申请表提供的基本信息对拟应聘者进行分组，以便开展进一步的甄选工作。

（2）推荐信。推荐信是评估应聘者的重要资料，它反映了应聘者以往的工作情况。由应聘者提供的推荐信往往反映了对其有利的一面，因此在评估推荐信时，如果涉及的事项非常重要，在做出结论以前应选择适合的方式进行核实。通常采用电话核实比采用书面核实更便于有针对性地识别对方真实的意图。

2. 测 试

人员招聘中可采用多种测试方式，包括智力测试、成就测试、能力倾向测试、兴趣测试、个性测试、心理测试等。针对不同的招聘岗位需求，可重点采取不同的测试方式。如针对运动技术指导进行的测试中，个性测试、心理测试是测试的重点；而针对健身顾问岗位的招聘中，测试的重点除包括个性、心理测试外，还应包括智力测试、成就测试、能力倾向测试等方面的内容。无论采用哪种测试，都要使其具有较高的效率和可信度，使测试分数以一种确定的方式与工作绩效相联系。通常测试可采用笔试的方式进行。

3. 面 试

面试使经营者有机会对候选人的热情、智力和能力做出判断，并有机会评价候选人的主观方面，如面部表情、仪表、紧张程度等。因此，面试成为一项最有效的甄选形式。面试能否发挥其最大的优势，关键在于测试实施者本身的素质与能力，而面试的有效性则取决于是否正确地实施面试。

面试一般可采用结构式面试、非结构式面试和情景模拟式面试等几种方式。

（1）结构式面试

结构式面试也称标准化面试，是根据所制定的评价指标，运用特定的问题、评价方法和评价标准，严格遵循特定程序，通过测评人员与应聘者面对面的语言交流，对应聘者进行评价的标准化过程。结构式面试的特点主要表现在以下几个方面：

①根据工作分析设计面试问题。这种面试方法需要进行深入的工作分析，以明确在工作中哪些事例体现良好的绩效，哪些事例反映较差的绩效，由执行人员对这些具体事例进行评价，并建立题库。结构化面试测评的要素涉及知识、能力、品质、动机、气质等，尤其是有关职责和技能方面的具体问题，更能够保证筛选的成功率。

②向所有的应聘者提出同一类型的问题，问题的内容及其顺序都是事先确定好的。问题主要涉及申请此岗位的动机、工作描述、背景、对直接上司的期望、对工作的兴趣、形象与气质等。

结构化面试中常见的两类有效问题分别是"以经历为基础"的问题和"以情景为基础"的问题。其中以经历为基础的问题，其设问应与工作要求有关，主要考察求职者所经历过的工作或生活中的行为，如你对体育场馆安保工作了解吗？以前从事过类似的工作吗？你觉得做好这个岗位的工作最难的是什么？以情景为基础的问题，是在假设的情况下，考察求职者与工作有关的行为和能力。提问通常需要由简单到复杂、由一般到专业，逐渐加大问题的难度，使候选人在心理上逐步适应面试环境，充分展示自己。

③采用系统化的评分程序。通常情况下，经营者委派的招聘人员应根据问题和回答，从行为学角度设计一套系统化的具体标尺，每个问题都有确定的评分标准，并针对每一个问题的评分标准，建立系统化的评分程序，保证评分一致性，提高其结构有效性。

因为多数问题为定性评价，可采用相关的定性评价方法进行测评。如采用非常满意、比较满意、满意、不太满意、很不满意的五级评分方式，或相对简略的三级评分方式。

结构化面试一般有时间限制，参与评价的测评人员应为单数。成绩汇总采用体操打分法，即测评人员评出的分数，去掉一个最高分，去掉一个最低分，剩余有效评定分数的算术平均值为应聘者的面试成绩。

（2）非结构式面试

非结构式面试就是没有既定的模式、框架和程序，主测评人可以随意向应聘者提出问题，而对应聘者来说也无固定的标准答案。主测评人提出问题的内容和顺序都取决于其本身的兴趣和现场应聘者的回答。这种方法给谈话双方以充分的自由，主测评人可以针对应聘者的特点进行有区别的提问。这种面试比较适合于针对经营管理人员的面试。

（3）情景模拟式面试

情景模拟式面试又称情景性面试，是面试的一种类型，也是目前最流行的面试方法之一。它将求职者置于一系列真实的练习中，由测评者对求职者在练习中的表现进行观察和评价。真实练习包括模拟的前台服务、销售介绍和模拟教学等。

目标设置理论认为，一个人的未来行为会在很大程度上受到其目标或行为意向的影响。基于这个假设，情景模拟面试的目的是给应聘者设置一系列工作中可能会遇到的事件，并询问："在这种情况下你会怎么做？"以此来鉴别应聘者与工作相关的行为意向。应聘者对他将来会怎么做的回答与他将来真实的行为之间有非常高的相关性。所以，情景模拟面试就是通过设置工作中的各种典型情景，让应聘者在特定情景中扮演一定的角色，完成一定的任务，从而考查其多方面实际工作能力的一种面试方法。

情景模拟的方式主要包括以下几方面：

①工作活动的模拟。这个测试项目可以采用以下两种形式进行，一是请示与汇报的模拟，二是布置工作的模拟。通过测试，考察应聘者对岗位工作程序及规范的认识与理解。

②角色扮演。事先向应聘者提供一定的背景情况和角色说明，模拟时要求其以角色身份完成一定的活动或任务，以考察应聘者对岗位及其职责的认识和理解。例如，以部门负责人的身份主持会议、以会籍顾问的身份电话回访会员、以安保员的身份或运动指导人员的身份处理场馆安全方面的突发事件等。

③现场作业。提供给应聘者一定的数据和资料，在规定的时间内，要求其完成编制计划、设计图表、起草公文、计算结果或者现场模拟教学等方面的任务，以考察应聘者的实际操作能力。

④会议模拟。将若干（如10人左右）应聘者分为一组，就某一需要研讨的问题、需要布置的活动或需要决策的议题自由发表议论，相互切磋探讨。具体形式有会议的模拟组织、主持、记录及无领导小组讨论等。这是近年来在借鉴国外先进测评技术基础上开发的面试方法之一，目的是发现应聘者的各种潜质和能力，如领导力、团队合作能力、创新思维能力等。

在进行人员招聘和甄选的过程中，可综合使用以上各种人员甄选方法。如果很难从两个或更多的候选人中做出选择，就再进行一轮面试。当无法为一个非常合格的应聘者提供相应职位时，可考虑将其推荐到另外一个合适的岗位或机构。把一个能力远超过岗位需求的人放在此岗位上，很可能会导致不满情绪的滋生。

应在面试的某个合适时间，告知应聘者录用的时间及是否录用的情况。同时，应对所有参与应聘和对此职位感兴趣的人员表示感谢，并保存好所有的申请，建立人才库。

二、人员培训与使用

（一）人员培训的目的

为了不断提高企业的核心竞争力，企业可以通过提供学习机会提升员工各方面的能力和素质。通过适当形式与内容的培训，使新员工或临时人员能够尽快进入工作角色，使老员工不断提升工作绩效。

无论是对新员工培训还是对老员工培训，开展培训的第一步是确定培训的目的和需求。任务分析与工作业绩分析是确定培训需求的两个主要技术。前者是对工作做详细的研究以确定必需的技能，以便实施适当的培训计划，特别适用于确定从事新工作的员工的培训需求。后者则是对已在岗员工的工作业绩做细致的研究，核验当前工作绩效与要求的工作绩效之间的差距，以确定培训是否可以提高工作业绩、工作效率或减少工作失误。

（二）人员培训的内容

1. 业务培训

对管理人员和行政内勤人员而言，主要围绕内部管理与服务、组织协调与对外沟通联络以及突发事件的危机管理等方面进行培训；对运动技能指导人员和健身顾问而言，业务培训主要围绕完善专业知识结构、学习新运动项目、提高教学技能和水平以及沟通营销能力等方面展开；对会籍顾问而言，主要围绕市场推广、销售技巧、服务接待、心理辅导等方面进行培训；对前台服务人员而言，主要围绕接待服务、沟通协调、自动化软件操作等方面进行培训；对设施维护、安保、保洁等技术保障型人员而言，重点围绕技术提高、沟通与服务技巧等方面进行培训。

2. 职业道德培训

对经营者而言，应注重从"诚信服务铸就企业发展、企业发展提供个人发展平台"的角度开展职业道德培训。强调企业与员工互动发展，避免单方面要求员工"敬业、忠诚、守信"的口号式培训。

3. 企业文化培训

每个企业都非常重视新员工入职前的培训。新员工入职前的培训主要包括讲述企业的规章制度，让大家明确一些必须要了解的规定，即哪些事情能做、哪些事情不能做。这是进行企业文化建设的一个重要组成部分。

（三）人员培训的方式

1. 企业培训

企业培训主要指企业自己组织或者委托社会培训机构对员工进行的培训。这种培训主要根据企业自身的发展需要和工作需求而开展，最终目的是提高企业的工作业绩。从培训对象来看，既包括对新入职员工的培训，又包括对在职员工的培训；从培训的方法来看，可以分为在职培训和脱产培训。

（1）在职培训

在职培训是最为普遍的一种培训方法，它有助于消除工作中可能出现的问题，有助于帮助员工提高对工作的信心和兴趣。

（2）脱产培训

脱产培训方法主要有案例分析法、会议法、专题讨论法、封闭训练法和短期课程班等。

如果选择脱产培训，企业付出的成本较高，对被培训者原来的工作也有一定的影响，企业需做出周密的安排和布置。这种方法的好处是可以让被培训者不受工作和杂事的干扰，集中精力和时间学习，所学到的知识和理论也比较系统。此类培训或训练往往可以通过外包的形式进行。

2. 自学培训

自学培训主要指员工根据自身的职业发展需要和兴趣爱好参加相关的社会培训机构组织的培训，通过培训还可以获得相关的资质证书。虽然这是员工根据个人需求而参加的培训，但同样也起到了提高工作绩效和工作效率、实现工作目标的作用。

（四）人员的使用

在企业运营中，各类人员扮演着不同的举足轻重的角色，分别提供引导、指导、服务、维护和监督等服务。他们的能力及资质直接决定着企业提供产品及服务的水平。因此，使用适合的人力资源既是企业运营中成本控制的重要方面，又是保障服务质量的重要途径。

人员使用的关键是做好日常人力资源运营工作，安排好日常的工作人员、合理配置和管理好临时人员。

1. 人员安排

人员安排分为短期安排和长期安排。影响人员安排的因素包括岗位性质、岗位要求（性别、能力和专业知识等方面）、岗位数量、所需人数和可安排人数等。

2. 志愿者管理

志愿者是体育人才中的一个特殊群体，他们与经营者之间没有劳资关系，但却是赛事服务及场馆运营中的一支生力军。

（1）志愿者的工作内容

志愿者承担的工作主要包括以下方面的内容：

①后勤服务。在体育赛事运营中涉及大量后勤服务类工作，如日常运营中的行政后勤，设施及物品的维护、保养与运输，宣传与促销，场地服务，信息服务等，都需要安排大量志愿者参与服务工作。

②运动项目指导服务。许多志愿者都参与或负责各类运动项目推广、技术指导等工作。志愿者作为社区体育指导员、运动项目指导助理、比赛协调员、裁判员等，在一些项目开展中作为辅助工作人员开展工作。

③管理和顾问服务。相对于提供其他服务的志愿者，提供管理和顾问服务的志愿者往往具有特殊的身份和职业背景。这类志愿者可在运动技术、法律、管理及更广阔的领域提供志愿服务。

（2）志愿者的要求

志愿者是否与经营团队具有良好的关系及志愿者的服务是否会取得较好的工作效果，这在一定程度上取决于志愿者的品性、特征和技能。合适的志愿者必须具有以下特点：

①对体育运动（或具体的运动项目）长时间保持浓厚的兴趣。

②愿意且有能力付出自己的时间和努力。

③能很好地与他人共事。

④有良好的判断力，并能在仔细分析后表达出来。

⑤有解决问题的渴望。

（3）志愿者的培训

由于志愿者的重要性和在经营活动中的贡献，经营者应专门为他们设计培训和评估的体系，包括了解企业经营目标、发展历史、组织流程、规章制度、运营指南、工作描述、机构人员名单、岗位清单及联系方式等，讨论志愿者的角色和作用、预期的职责和可能的工作等，并把这些编入志愿者手册，开设专门的课程。

第二节　体育人力资源开发与管理

员工工作表现是否能够与经营目标相一致，决定着企业的竞争力。为了保持这种竞争力，必须准确评定员工当前的工作状态，并把它作为员工升职、培养和解雇等决策的重要依据。

一、人员考核与薪酬管理

（一）人员考核

绩效管理是现代人力资源管理的重要组成部分，而绩效考核又是绩效管理最重要的一环。绩效考核对任何一个企业，都是一项十分重要的工作。考核的定位直接影响考核的实施，定位的不同必然带来实施方法上的差异。

1. 绩效的定义

绩效考核是对员工绩效的评价。员工的绩效从其字面上理解，"绩"是指业绩，即员工的工作结果；"效"是指效率，即员工的工作过程。绩效考核无疑是绩效导向式的管理，但绩效导向并不意味着只关注结果，在关注结果的同时，也应关注取得这些结果的过程。

2. 关键绩效指标

关键绩效指标是对员工进行考核的重要依据，是对企业运营过程中成功要素的提炼和归纳。因此，关键绩效指标应具有相关性大、少而精、可控且可管理、具体且明确、可衡量且有明确衡量指标、可达到且具有挑战性、时间性等特点。对一般工作人员而言，关键绩效指标来源于部门或个人业务重点、岗位及职位的业务标准等实际因素。对人力资源管理者、行政管理者、财务管理者而言，关键绩效考核指标的确定来源于岗位职责中的关键责任、对上级绩效目标的贡献、对相关部门绩效目标的贡献等方面。

3. 关键绩效指标设计

在关键绩效指标设计过程中，找出实现目标的关键成功因素，确定关键成功因素与主要流程之间的联系，确定各主要业务流程的关键控制点，形成初步的绩效指标体系等步骤，常会运用以下具体方法：

（1）个案研究法

通过选取若干个具有代表性的典型人物、事件或岗位的绩效特征进行研究，并确定绩效考核指标和考核指标体系。

（2）访谈法

通过与各类人员，如被考核者的上级、被考核者及与被考核者有较多联系的相关人员，进行个别的访谈或群体访谈，收集有关资料，以此作为确定考核指标的依据。

（3）经验法

根据本单位的具体情况和积累的经验，同时参照同行业其他单位绩效考核的经验，再结合本单位的考核目标来确定考核指标。

（4）问卷调查法

可以通过前三种方法，搜集、分析和初步确定绩效考核的基本指标，然后通过问卷调查的方法最终确定考核指标及其重要性程度。问卷调查有结构问卷调查和非结构问卷调查之分，在绩效指标确定工作中常使用结构问卷。

4. 确认绩效的数据来源

绩效考核的资料来源主要有三种：客观数据、人力资源管理资料和评判数据。

（1）客观数据

客观数据主要指员工的工作数据，具有客观性，但往往只表现数量而忽视质量。对许多工作职务而言，很难找到客观的、定量的尺度。因此，完全依据客观数据的绩效评价并不合理。

（2）人力资源管理资料

实践中最常采用的是缺勤率、离职率、事故率和迟到情况等。由于这些资料反映的工作行为比较片面，在多数岗位的绩效评价中只能作为辅助性的考评指标。

（3）评判数据

多数考核都采用了管理人员对下级员工工作情况评判的方法，这种主观评判几乎适用于所有工作岗位。评判数据以上级对下级的评定为主，也包括员工本人的自评、同事间的互评及员工对上级的评议。

（二）薪酬管理

1. 薪酬体系设计的基本原则

薪酬体系设计原则主要包括内部一致性、外部竞争性、激励性与管理的可行性。

（1）内部一致性

薪酬体系的设计应使员工能够感觉到，相对于同一组织中从事相同工作以及从事不同工作的其他员工，自己的工作获得了适当的薪酬。

（2）外部竞争性

薪酬体系的设计应使员工在与其他机构的类似职位的比较中感受到优势，并能够保持这种优势。

（3）激励性

薪酬体系的设计应能够体现员工的报酬与业绩间的密切关系，能够根据绩效水平的高低对薪酬进行调整。通常可依据激励方案和绩效考核结果来实现。

（4）管理的可行性

薪酬体系应具备科学性，以保证薪酬体系能够有效地运行，确保前面三个原则和目标的实现。

只有建立起具有内部一致性、外部竞争性、激励性与管理的可行性优势的薪酬体系，才可能有效地吸引、激励和保留所需要的员工，以实现经营者的战略目标。

2. 薪酬体系的构成

（1）支付方式选择

目前薪酬分配的价值基础有三个，即基于职位、基于能力、基于绩效。基于职位和基于能力多用于确定员工的基本工资，而基于绩效则多用于奖金发放和绩效加薪。针对经营中两种不同类型的人力资源，行政管理人员的考核缺乏客观数据基础，因此其支付方式应侧重选择基于职位和整体绩效的模式。业务人员的存在本身就依赖于其工作能力及其对经营的贡献，其支付方式应选择基于能力和基于个人绩效的模式。

（2）薪酬构成选择

薪酬构成是指在薪酬中，基本工资、奖金（含长期激励和短期激励）及福利（这里主要指非法定福利）各自所占的比重。实践中在确定薪酬构成时，通常会考虑岗位的工作性质，选择能力薪酬或职位薪酬体系。

（3）社会福利保障

员工福利是企业薪酬体系的重要组成部分，它直接影响员工的生活质量和对企业的满意度。员工福利一般由法定福利和企业自定福利组成。

①法定福利。法定福利主要指企业依照国家规定为员工缴纳的"五险一金"，以及其他法定福利。

②企业自定福利。在许多企业中，企业自定福利统称为福利性薪酬，主要是指企业在国家规定之外根据自身情况自行为员工提供的年度其他福利，如企业出资的企业年金、补充医疗保险、人寿保险、意外及伤残保险等商业保险计划和住房、交通、教育培训、带薪休假等其他福利计划。这些福利待遇具有间接性收入的性质，因此是货币薪酬的一种补充。

除了上述福利计划外，企业还会根据经营情况为员工提供交通服务、健康服务、旅游服务和餐饮服务等福利项目。

以上所论述的福利计划都属于全员性的福利计划，即所有员工都可以平等享受的福利。事实上，企业还会为不同职位和不同需求的员工提供特种福利，如针对企业高层经营管理人员或高级专业人才的公车服务等。这种福利的依据实际上是贡献率，是对这类人员的特殊回报。

二、职业发展与解雇管理

（一）员工的职业发展

把每一个员工看作可以在各自岗位上成长和提升的个体是很重要的。对员工实施的职业发展管理，其重点就是要帮助员工建立合理的职业规划。

1. 职业生涯早期管理

职业生涯的早期管理主要是帮助员工建立合理的职业规划。职业规划是指组织与员工共同制订的，基于员工个人和组织共同需要的，员工个人发展目标与发展道路的活动。帮助员工制订职业规划是组织开展和提供的、用于帮助和促进员工实现其职业发展目标的行为和过程，包括为员工提供必要的教育、训练、轮岗等发展机会，以促进组织发展目标和员工职业目标的实现。

（1）制订职业生涯规划应考虑的因素

由于员工个体的差异而使得员工个体的职业规划内容各不相同，但制订职业规划时需要考虑的因素却是基本相同的。一般包括以下内容：

①员工个人的情况（包括教育背景、性别、年龄等因素）及个人对自身能力、兴趣、职业生涯需要及追求目标的评估等。

②组织对员工能力、兴趣和潜力的评估。

③组织与员工在职业生涯选择、规划与机会方面的沟通。

（2）制订职业规划的步骤

在综合考虑上述因素的基础上，制订职业规划一般要经过四个步骤：

①帮助员工进行分析与定位。帮助员工进行比较准确的自我评价，同时还必须对员工所处的相关环境进行深层次的分析，根据员工自身的特点设计相应的职业发展方向和目标。这一阶段的主要任务是开展员工自我评估、组织对员工的评估和环境分析三项工作。

②帮助员工确定职业发展目标。主要包括职业选择及职业发展路线选择两个方面的内容。职业的选择是事业发展的起点，选择正确与否直接关系到事业的成败。因此，组织应开展必要的职业指导活动，通过对员工的分析与对组织岗位的分析，为员工选择合适的岗位。职业发展路线是指一个人实现自己职业目标的途径，如是向专业技术方向发展还是向行政管理方向发展。发展方向不同，对个人的要求也就不同，因此路线选择也是职业发展的重要环节。值得注意的是，组织帮助员工设立的职业发展目标是多层次、多阶段的，这样可以使员工保持工作热情，提高其工作效率。

③帮助员工制订职业生涯策略。职业生涯策略是指为了争取实现职业目标而积极采取的各种行动和措施。例如，参加组织举办的各种人力资源开发与培训活动、构建人际关系网、参加业余时间的课程学习、掌握额外的技能与知识等都是职业目标实现的具体策略。另外，也包括为平衡职业目标与其他目标，如生活目标、家庭目标等而做出的种种努力。通过这些努力，有助于个人在工作中有良好的业绩表现。

④帮助员工进行职业生涯规划的评估与修正。由于种种原因，最初组织为员

工制订的职业生涯目标往往都是比较抽象的，有时甚至是错误的。因此在经过一段时间的工作以后，组织还应有意识地回顾员工的工作表现，检验员工的职业定位与职业方向是否合适。

通过以上四个步骤，组织就可以帮助员工个人完成职业规划。

2. 职业生涯中后期管理

（1）职业生涯中期管理

职业生涯中期，员工想要实现自己的理想、充分发挥自己的才能、取得与其能力相称的成就的需求往往表现得更为强烈。因此，可开展以职业生涯发展为导向的工作绩效评价，并通过安排富有挑战性、探索性的工作，采用工作轮换等方式帮助员工自我实现，使他们能充分发挥自己的潜能，并获得职业生涯的成功。同时，赋予员工良师的角色，通过建立职业记录、职业公告制度、职业信息系统等，为其提供适宜的职业生涯发展机会。

（2）职业生涯后期管理

即将退休的员工将会面临财务、住房、家庭等各方面的实际问题，同时又要适应从结束工作到开始休闲生活的角色转换和心理转换，即退休者需要同时面对社会和心理方面的改变。通过适当的退休计划和管理措施满足退休人员情绪和发展方面的需要，是组织应承担的一项重要工作。组织可以通过开展退休咨询、召开退休座谈会、组织退休研讨会等，了解员工对退休的认识和想法，讨论应如何认识和对待退休，交流退休后的打算，以及如何过好退休生活的经验等，帮助即将退休的员工做好充分的思想准备，以减轻退休后所产生的迷茫和失落感。如果退休员工个人身体和家庭情况允许，尚可继续参加工作，组织也可以采取兼职、顾问或其他某种方式聘用他们，使其发挥余热。提前退休则是指付给员工一定的费用，让其离开企业。这往往是企业为了降低成本且不削减人员的一个策略。退休经费一般是指一笔退休金及按一定比例发放的月工资或年工资。这些经济待遇对员工特别是对那些在企业时间较长的员工来说，还是有一定吸引力的。

（二）解雇管理

解雇指员工与企业的雇用关系的非自愿性终止。解雇是对员工可采取的最严厉的纪律处分，因此它是必须慎重采取的措施。解雇应是正当的、有充分理由的，只有在采取了所有帮助改善或挽救该员工的适当步骤均告无效的情况下才应采取。但毫无疑问，在需要解雇时，应立即解雇。

1. 解雇的原因

解雇原因可分为工作业绩不合要求（一直没有完成指定任务或一直不符合规定的工作标准）、行为不当（蓄意、有目的地违反规定，包括偷盗、吵闹、不服从等）、缺乏从事本职工作的资格（很勤奋，但没有能力从事指定的工作）、工作要求改变（所从事的工作被淘汰）等几类。

2. 解雇的程序

如果需要解雇，管理者应按照一定的程序进行。

（1）警告

在采取任何最后行动之前，都应进行警告，必须让员工知道他的工作再不合要求，他将被解雇。应有书面的最后警告确认书。

（2）解雇前的准备工作

如果该员工曾接触过机密文件或保管过财物，应采取相关的保密管理措施，如更换密码和锁头。应采取措施预防当事人可能采取的暴力和非暴力的报复行为。

（3）解雇面谈

解雇面谈是使员工得知自己已经被解雇这一事实的谈话，这是管理者在工作中将面对的最困难的工作之一。即使以往已经被警告许多次，被解雇的雇员往往还是会在被解雇时表现出不相信或者做出激烈的反应。因此，要做到：

①精心安排谈话时间和地点。应将谈话的时间安排在事实解雇的这个星期的头一天，并确认该雇员会如期赴约。尽可能避免在周末、节假日前或者在休假期间通知员工谈话的时间。绝对不要通过电话通知员工被解雇的消息。尽量缩短谈话时间，一般以10分钟为宜。谈话应选择在一个中性的地方，不要在自己的办公室或员工的办公室。要事先准备好雇员协议、人力资源档案和发布的通知等文件。准备好医疗或安全急救的电话号码。

②抓住要点、说明情况。不要通过寒暄或谈其他无关紧要的事情来旁敲侧击。员工一进入办公室，给他时间放松，然后就将决定告诉他。一定要用简短的语言说明解雇的原因，例如，"在你的工作领域，会员投诉率提高了20%。在过去的3个月里，我们曾就此问题谈过几次，但是问题还是没有解决，我们不得不做出改变"。管理者应注意的是，要说明情况，而不应攻击员工个人；还应强调这是最后的、不可改变的决定。

③认真倾听。倾听是让员工能够放松地谈话，能比较心平气和地接受自己被解雇的重要条件。经营者或人力资源管理者应保持倾听，说明解雇补贴、福利，

说明如何领取这些费用，说明处理意见和建议的方式。倾听可避免与被解雇人员陷入争执。要用比较积极的方式让员工开口讲话，如静听、重复员工的看法、不时点头等。注意不应做出任何承诺，这样只会使问题复杂化。当被解雇员工离开谈话地点时，解雇过程就结束了。

　　④提供帮助。被解雇的雇员可能迷失了方向，不清楚下一步应做什么，应为员工提供一定的帮助，如告诉该雇员离开后应到什么地方去，有关补贴可以在什么地方领取等。

第十章 体育场馆经营管理

第一节 体育场馆经营管理内容

一、体育场馆经营管理的任务

体育场馆经营管理的任务必须通过正确的经营管理方法才能得以实现。不解决管理方法问题,实现经营管理的任务就会成为一句空话。体育场馆在为体育消费者提供各种体育服务产品的过程中,需要消耗一定的人力、物力和财力,通过体育服务产品的经营,又能得到相应的补偿和盈余,但要做到少投入多产出,则需要运用科学的方法开展体育场馆的经营管理工作。体育场馆经营管理的方法主要有以下几种:

(一)建立现代企业制度

现代企业制度的基本特征有:①产权关系明晰;②企业以其全部法人财产依法自主经营、自负盈亏,照章纳税,对出资者承担资产保值增值的责任;③出资者按投入企业的资本额享有所有权的权益;④企业按照市场需求组织生产经营活动;⑤建立科学的企业领导体制和组织管理制度。公共体育场馆作为国有资产全民所有制单位,在走向市场的过程中,应按照市场经济的基本要求和规则建立现代企业制度。也就是说,各体育场馆原则上应以独立的或相对独立的经营实体或法人单位参与体育市场的活动,并在竞争中自主经营、自负盈亏、自我生存、自我发展。

（二）树立市场营销观念

体育场馆在走向市场开展经营活动过程中，要加强经营内外环境的分析和市场调研工作，要从体育消费者的需要出发开展经营活动，要合理制定体育消费品的价格，要积极开展促销活动，要善于捕捉市场机会，要增强市场竞争意识。

（三）搞活体育场馆的经营形式

1. 会员制形式

会员制是现今较流行的一种经营形式，主要应用于较高档的体育场馆。它的主要特点是体育场馆通过定向募集客户的方法获得稳定的客源，也可以在体育场馆建设工程未完工之前预售会员卡，当然这需要一定的推销手段和自身拥有的品位和魅力。一般来讲，体育场馆的设施是高档的，会员一般也是高收入阶层。会员制的经营形式一般在发放会员卡时向客户收取一笔取得会员资格的费用，客户可按年度缴纳一定的费用，客户可随时利用体育设施进行健身休闲而免交费用（或享受优惠），俱乐部同时也可提供相关的其他服务。会员制的优点在于：①体育场馆可以一次性筹集一大笔资金，如通过预售会员卡的方式可以降低负债比率，改善财务状况；②只要会员是稳定的，体育场馆的年收入就是稳定的，体育场馆的日常管理工作相对来讲比较轻松。会员制经营形式实施的困难在于：①能否吸引足够多的会员参与；②体育场馆只面向高收入者开放，是否有悖于体育设施应向广大人民群众开放的公益性的要求。

2. 转包制经营形式

转包制是体育场馆通过一定的合同契约把经营设施通过租赁、承包的形式出让经营权而取得收入。转包可以有两种方式：①寻找一个较有实力的经营者进行整体承包，每年交纳一定数额的费用，并向体育场馆提交一定比例的利润；②对不同体育设施、娱乐休闲项目进行分割，进而转包给数个经营者。转包过程中可以采用协商的方式，也可用招标的方式。在条件成熟的情况下，招标方式更理想，它既可以体现市场上的真实价值，又可以杜绝幕后交易。转包制的优点在于体育场馆在管理上较轻松且收入稳定。不足之处在于体育场馆对承包者的经营行为难以有效监管和规范，一旦承包者违法违规，与体育场馆发生纠纷，则矛盾较难协调，合同所规定的各条款也不可能穷尽一切可能发生的变故。

3. 合作经营形式

合作经营指体育场馆以土地、房屋或设施作为投资品，其他投资者以现金、设备、管理等作为投资品合作经营某项体育业务的经营方式，这种经营方式的特点在于通过合作合资经营的方式解决体育场馆在经营过程中资金缺乏、管理经验缺乏等问题，合作经营的双方（或多方）以责任有限公司的组织形式明确各方的投资风险与收益。在合作经营对象的选择上，体育场馆可以尽量选择在某一行业具有较高知名度的企业进行合作，这样做的好处在于可以利用这些知名企业的名牌和商誉增加客源，不仅可取得良好经营业绩，还可以扩大体育场馆在群众中的知名度。

4. 直接经营形式

直接经营是指体育场馆自身进行场馆的日常经营管理活动。直接经营的优势在于场馆直接进行体育经营项目的开发，这样可以对体育场馆的各种设施、资源进行整体的统筹规划，因而能够实现经营效益的最大化及社会效益的最优化。体育场馆的直接经营也方便接待各种比赛和训练的任务，不会造成冲突。但直接经营的缺陷在于资金的缺乏，特别是流动资金的缺乏，这使各种经营项目启动较慢。

5. 委托经营形式

委托经营是在不改变体育场馆产权性质和功能定位的前提下，委托乙方进行管理和经营的一种方式。这种由政府建造体育场馆委托企业经营和管理的"托管模式"在欧美国家被普遍采用。这种经营方式既发挥了体育场馆的各种体育功能，同时又解决了体育场馆（特别是一些专业性比较强的场馆）由于使用率不高而造成的场馆日常运作经费不足的困难。

（四）建立健全和完善体育场馆的各项管理制度

1. 经济责任制

体育场馆的经营管理应实行经济责任制，这是由体育场馆管理体制的变革所决定的。目前普遍采用的是承包经营责任制。承包经营责任制是由承包、经营、责任制三个内容组成的复合概念。承包以签订合同为特征，并依照合同将某项任务或全部任务交给承包人负责完成的一种经济行为，是体育场馆经营管理的组织形式和方法。经营是从体育市场需要出发，提供适销对路的体育产品。责任制则是按照合同规定的权利、义务，发包方与承包方都必须信守和履行合同的管理方法。

2. 经济合同制

经济合同制是经济责任制的法律保证，它是以法律的形式体现的一种经济手段，任何一方违反合同都要受到经济制裁。

3. 经济核算制

体育场馆要履行经济合同，实现自己的经济责任，就必须实行经济核算制。体育场馆的经济核算制，就是用价值、价格、成本、利润等经济杠杆对经营管理活动实行严格的统计、监督和核算，以提高体育场馆经营管理的效益。

4. 物质利益原则

体育场馆必须正确贯彻物质利益原则，因为经济责任制和经济核算制实质上是一种物质利益关系在体育场馆经营管理活动中的具体体现。因此，体育场馆要认真执行按劳分配原则，使场馆职工从物质利益上关心自己的经营成果，要正确处理三者之间的利益关系，以确保国有资产的保值增值。

二、体育场馆经营管理的主要内容

为了更好地完成体育场馆经营管理的任务，不仅需要采取正确的管理方法，而且必须做好日常的各项经营管理工作。体育场馆的日常经营管理就是对体育场馆的各项服务或劳务产品的生产和销售活动进行组织、指挥、监督和调节，使之达到体育经营效益的最大化和最优化。体育场馆经营管理包括以下各项内容：

（一）计划管理

所谓计划管理就是各体育场馆要编制和执行经营活动的计划，这是体育场馆经营管理的核心，要通过计划组织和调节体育场馆的经营活动，计划的编制工作要建立在体育市场预测的基础之上，并根据体育市场需求的变化状况及时调整。

（二）服务管理

要根据经营活动计划，对各项服务活动进行合理的组织和调节，使各项服务工作有节奏地进行，以保证服务过程的各个环节协调配合。要努力提高服务质量，为体育消费者提供优良的体育劳务或服务产品。要认真做好体育服务产品的广告、宣传工作，利用各种促销手段吸引体育消费者。要拓宽销售渠道，积极做好销售工作。除了一般的订售之外，还可进行人员推销，或在居民小区及各大超市设立分销点，以方便体育消费者进行消费。

（三）财产物资管理

要根据体育经营的需要和国家财力的可能，有计划地建造、购置财产物资。购建财产物资要讲究实效，使之具有适用性、耐用性和经济性等。既要努力用现代化的技术设备装备体育场馆，以改善体育场馆经营活动的物质条件，也要反对不顾实际需要和可能，盲目追求"大、洋、全"和讲排场、摆阔气。要合理使用和维护场地设备，使之经常处于良好的状态，避免设备损坏引起的严重事故。要做好体育服务活动所需要的体育器材、服装和各种材料、燃料的购置工作，物资购置要及时、适量和价廉，避免因过量购置而造成积压。

（四）财务管理

要根据经营管理的状况编制体育场馆的预算，制订收入的主要来源和各项支出的年度计划。收入的预算要从实际出发，根据"积极可行、留有余地"及"成本加合理利润"的原则，确定合理的体育服务产品价格。支出预算要贯彻勤俭节约的方针，做到精打细算和定额管理。要严格执行财务规章制度，加强财务监督，同违反财务制度的行为做斗争。全部收入要纳入单位总收入，不设立小金库。各项支出必须按规定的开支范围和标准严格执行，不得擅自提高开支范围和开支标准，以及乱发奖金和补贴。反对各种违反财务制度的不正之风，以确保国有资产的保值增值。

公共体育场馆的经营活动应以体育业务为本，多种经营。可开展的主营业务主要有以下几种：

（1）体育竞赛类业务，如正规比赛、商业性比赛、群体比赛等。

（2）运动休闲类业务，如健身、棋牌、乒乓球、羽毛球、溜冰、游泳等。

（3）体育咨询类业务，如群体活动组织编排、辅导咨询、运动处方等。

（4）体育培训类业务，即各种运动项目的培训，如武术、气功、体育舞蹈等。

（5）体育集资类业务，如体育广告等。

（6）体育游乐类业务，如体育旅游、体育游乐、水上乐园等。

（7）业余体育俱乐部，如各种运动项目的业余体育俱乐部。

体育场馆在保证为体育运动服务的前提下，应积极开展多种经营，除为社会提供竞赛、表演等体育劳务或服务产品之外，还应为社会提供体育以外的其他社会服务。做到以体为本、多种经营，这是体育场馆经营管理的基本方针和基本内容。体育场馆实行多种经营，有利于发挥自身的多种功能，提高场馆使用率。体育场馆实行多种经营，也有利于提供体育以外的社会服务，满足人民群众不断增长的物质和文化生活的需要。体育场馆要根据体育市场的需要积极组织体育竞赛、表演等主营业务之外的其他经营活动，体育场馆可开展的多种经营主要有旅馆业、饮食业、服务业、文化娱乐业及房地产业等。这可以增加社会供给，丰富和活跃人民群众的物质文化生活，同时也能为体育场馆赢得可观的经营收入。

体育场馆开展多种经营时，必须以保证完成体育运动服务特别是运动竞赛、表演服务为前提。当多种经营在场地、设施、人员等方面与体育运动服务发生矛盾时，多种经营应无条件服从和服务于体育运动服务的需要。

第二节　体育场馆经营管理模式

我国近百万余座体育场馆设施有着各式各样的经营与管理模式。体育场馆的经营性和公益性的双重属性，使我国体育场馆的经营与管理模式产生分化。强调经营属性的地方政府进行了大胆的"事业转企业"改革，以企业化模式运营体育场馆；强调公益性的地方政府则仍然坚守事业单位管理体制。

一、体育场馆所处的社会环境

管理学中的社会系统学派主要从社会学的角度来分析各种组织，其特点是将组织看作是一种社会系统，是一种包括人与人之间相互关系的协作体系；而组织作为一种社会系统，是社会大系统中的一部分，会受到社会环境各方面因素的影响。体育场馆也是一种独特的组织，从经营与管理的角度来看，体育场馆经营与管理模式会受社会环境各因素的影响，主要体现在政治、经济、文化等方面的影响。

（一）政治环境

政治环境是指与体育经营活动有关的政治制度、政治形势、政局状况、发展趋势等。这些因素常常影响体育场馆的经营行为，尤其是影响体育场馆的长期投资行为，中华人民共和国成立以来，为促进体育设施的建设与管理，政府发布了一系列政策、法规。如中共中央国务院在《关于进一步发展体育事业的通知》（中发〔1984〕20号）中明确提出"体育场馆要逐步实现企业化和半企业化经营"的要求，使体育场馆开始积极进行经营与管理方面的改革。另外《中华人民共和国体育法》《体育产业发展纲要（1995—2010年）》《全民健身计划纲要》《公共文化体育设施条例》《关于开展创建社区体育健身俱乐部试点工作的通知》《2001—2010年体育改革与发展纲要》等均有涉及体育场馆建设、管理和使用方面的规定。相关政策条例的颁布，表明我国体育场馆在经营与管理上已经进行了有益而大胆的尝试。

2011年颁布的《中共中央国务院关于分类推进事业单位改革的指导意见》指出，我国正处于全面建设小康社会的关键时期，面对新形势、新要求，一些事业单位功能定位不清、政事不分、事企不分、机制不活；公益服务供给总量不足、供给方式单一、资源配置不合理、质量和效率不高；支持公益服务的政策、措施还不够完善、监督管理薄弱。这些问题影响了公益事业的健康发展，迫切需要通过推进事业单位分类改革加以解决。国家推进事业单位分类改革是深入贯彻落实科学发展观、构建社会主义和谐社会的必然要求，是推进政府职能转变、建设服务型政府的重要举措，是提高事业单位公益服务水平、加快各项社会事业发展的客观需要。在中共中央提出事业单位分类改革的要求后，许多省市和地区开始对体育场馆进行大力改革，开始了"事业转企业"的改革探索。近年来，新建的大型体育场馆更是从建设之初就采取了完全企业化的运营方式。

（二）经济环境

经济环境对体育场馆经营与管理的影响主要是指国际、国内经济形势和经济发展趋势等因素对体育场馆经营行为的影响。例如，对体育领域的经营采取优惠的税收政策，促进经营者进入体育市场；反之，如体育经营活动税负过高，经营者信心降低，则不愿投资体育场馆市场。市场经济体制的转变，加快了体育场馆管理制度的改革，使体育场馆开始改变原有生存方式，利用市场手段得以发展。体育场馆开始适应社会发展，改革财务管理体制、领导体制和奖金分配制度，转换体育场馆的经营机制，并制定相应的法规制度。体育场馆的主管部门和财政部门，根据场地规模和数量给体育场馆定任务、定人员编制、定业务指标、定经费补助额度。体育场馆内部实行增收节支的经济责任制或承包经营责任制，使体育场馆资金来源由事业型单一财政拨款向经营创收、补充经费不足方向转变。自1992年以来，体育场馆突破单纯创收增资的运行模式，开始走向"本体推进、全面发展"的综合性的体育产业开发阶段。以体育场馆为依托，以健身休闲和竞赛表演为核心，以体育用品制造业为支柱，以体育中介和技术培训为驱动的多业并举、全方位发展的体育场馆产业态势基本形成。

随着社会经济的不断发展和社会购买力水平的不断提高，社会对体育的消费需求不断增长。深入持续地分析和研究体育场馆市场及体育消费需求的状况及变化趋势，对促进体育产业的发展，满足社会对体育劳务及实物消费品的需要，改善体育场馆经营与管理状况和提高体育经营效益，具有十分重要的意义。

经营体育场馆要分析和研究社会的体育消费水平，根据社会一定时期内体育消费水平的高低及时调整自己的经营战略及经营内容；同时，要根据不同地区、不同体育消费群体的消费水平开展体育场馆经营活动，以满足社会的需要。

（三）社会文化环境

社会文化环境是由人们在特定社会制度下形成的道德观念、规范、民族习俗、宗教信仰、文化水平等因素构成的。各种社会文化环境因素都会对体育商品的生产和消费产生不同影响，从而影响体育场馆的经营与管理行为。体育场馆应积极适应社会文化环境的需要，开拓自己的经营业务。

作为体育场馆应努力转变理念，通过公益性服务，改善公民的身体素质和精神状态，提高公民的健康水平，进而更有效地服务社会。

当前，人民群众对丰富精神文化生活的愿望更加迫切，体育的社会价值也进一步彰显。体育不仅是一种身体运动，还是一种教育手段、一种生活方式、一种精神依托、一种财富载体、一种交往平台，具有十分丰富的内涵；对塑造大众人生观、价值观，对移风易俗，形成健康、文明、科学的生活方式等具有重要作用；是精神文明建设的重要手段，也是文化建设的重要内容。在体育场馆经营与管理中，应深入挖掘体育的文化内涵，提升体育场馆的软实力，让体育场馆经营与管理发挥更重要的作用。

二、体育场馆营利模式

（一）体育场馆营利模式的要素

体育场馆的核心赢利要素决定了体育场馆的营利模式，核心要素主要包括目标客户、产品构成、成本控制、经营方式和空间布局。

1. 目标客户

目标客户是指体育场馆选择什么样的客人作为自己的主要服务对象，目标客户是场馆服务产品的购买者，是体育场馆的利润源。选择了目标客户，就可以根据其需求特点、购买习惯、消费方式，有针对性地确定投资重点、设计产品、提供核心服务。

2. 产品构成

产品构成是指体育场馆的产品结构，是体育场馆核心业务的具体体现，是体育场馆的利润点。由于体育场馆提供的是有限服务，且要求控制成本、保证价格优势，所以产品构成呈现集中性特点。

3. 成本控制

成本控制是体育场馆获得赢利的重要保障，是对体育场馆赢利进行管理的过程，也是体育场馆重要的核心竞争力，因此低成本战略是体育场馆普遍使用的举措。实施低成本战略有许多优点，其中比较突出的优点是对行业内竞争者具有比较强的竞争优势，对潜在的新进入者形成较高的进入障碍，降低替代品的威胁，增强与顾客和供应商的讨价还价能力。体育场馆控制成本的手段很多，如连锁经营、简化组织结构、辅助业务外包等。

4. 经营方式

单体体育场馆规模小、财力有限、客源不稳定，加上管理缺少专业化，使得产品和服务质量难以保证，同时由于受销售价格的限制，其利润空间小、利润数量微薄，因此，只有通过连锁经营形成数量规模，才能得到可观效益，获得持久的赢利和不断增长的空间。规模决定着体育场馆的赢利水平。体育场馆进行规模扩张可以最大幅度地降低成本，促进品牌增值，还能提高市场覆盖率，从而最大限度地提高场馆使用率。

5. 空间布局

体育场馆坐落在什么样的城市、什么样的区域、什么样的地段，不同区域的人均收入、消费支出、消费特点、商业气氛、交通情况、地产价格及其他环境因素都会对体育场馆的赢利产生重要的影响，而且区域的选择和地段的分布，也决定了体育场馆的赢利状况。

（二）体育场馆营利模式的类别

体育场馆营利模式是体育场馆的投入资本在体育场馆经营过程中产生利润的方式，是体育场馆为获得可持续利润的一种行为安排，包括对场馆运营的战略、组织和经营活动的专门设计。营利模式是体育场馆运营活动的一种成熟而稳定的模式。当前，我国体育场馆的营利模式尚处于探索阶段，不同模式都在进行大胆尝试，积极探索获取更大的社会效益和经济效益。这里权且将营利模式分为本体服务类（指体育服务产品）营利模式和非体服务类（指非体育服务产品）营利模式。

1. 本体服务类营利模式

本体服务类营利模式主要以开展体育类服务和体育本体经营为主。

（1）体育项目多元化营利模式

这种营利模式是指体育场馆围绕本体服务，选择多种群众喜闻乐见的运动项目开展服务，由于市场需求量大，可以迅速获利。为分散风险，避免某种项目因市场需求变动而影响收益，体育场馆往往根据市场需求开发多样化的运动项目，如羽毛球、足球、篮球、网球、游泳、乒乓球、壁球、跆拳道、健身操、健身器械、形体舞、瑜伽、芭蕾、踏板操、街舞、拉丁舞、台球、棋牌、气功、武术等。这样既可服务社会，满足大众多种需求，也能为场馆带来更多的社会效益和经济效益。

（2）体育延伸产品营利模式

体育场馆举办培训班具有得天独厚的优势，可以产生群聚效应，吸引更多的体育爱好者，扩大市场覆盖面。利用体育场馆优良的地理位置开办体育用品、运动服装专卖店，有利于扩大产品知名度，产生广告效应，并使消费者提高对整个产品链的市场认知度。

（3）俱乐部会员制营利模式

体育场馆开办健身俱乐部一般采取会员制赢利手段，培养固定的运动娱乐群体，面向具有一定运动基础的固定人群，采取预付消费卡的形式是较为普遍的做法。会员卡的种类包括年卡、季卡、月卡和次卡等。部分俱乐部为吸引学生等低收入群体，还推出了优惠的学生卡；此外，还为特殊的消费者提供家庭卡、情人卡及节假日打折卡。有的俱乐部还为每一种健身项目配备具有专业技术知识背景的健身教练等。

（4）体育场馆品牌营销模式

体育场馆品牌是体育场馆特色和服务质量的升华，能够体现体育场馆的综合实力。品牌营销模式就是重视培育场馆品牌，维护体育场馆品牌的正面形象。例如，体育场馆主动承担社会责任，树立良好的社会形象，使社会效益和经济效益协调发展。越来越多的体育场馆通过多种形式回馈社会，树立良好口碑，在获得社会效益的基础上带动经济效益的提升。

（5）建立行业标准营利模式

此模式是体育场馆以行业标准为基础，通过服务认证等规范管理，保持其对产品和市场的控制，并在获取市场容量、产品定价、活动产品升级、经济价值等方面获得明显优势。例如，北京工人体育场于2010年9月制定了《工人体育场服务手册》，并通过了中国体育服务认证。又如，国家游泳中心全面建立场馆内控体系，制定了符合企业实际的管理制度和流程，规范场馆的运行秩序。关注行业标准的场馆不但能始终站在本领域最前沿的位置，更能通过科学的管理手段，以低成本高效率提高其市场竞争力。

（6）管理输出营利模式

知识就是财富。国内许多较早开始探索管理体制改革的体育场馆，在运营中通过转让这些运营、管理经验而获利。目前，管理输出营利模式主要涉及管理咨询和技术输出，如在体育场馆的防护设备配置及采购、日常运行管理、场馆经营开发、投资融资管理、无形资产开发、品牌及公共关系管理、人力资源管理和培训等方面为客户提供专业咨询服务。目前，国内已经成立了许多专业从事场馆物业运行管理、场馆经营运行管理、场地养护托管管理的独立法人经营机构，致力于推进全国体育场馆的经营管理，开展设施养护、赛事策划、文艺会展、广告发布等技术咨询与培训工作。

（7）战略联盟模式

2011年3月20日，济南奥林匹克体育中心、南京奥林匹克体育中心、深圳大运中心运营管理有限公司、武汉体育中心在济南联合签订《体育场馆联盟组建协议》，诞生了我国首个体育场馆联盟，开创了体育场馆战略合作新模式。建立体育场馆联盟，旨在通过科技创新、制度创新、营销创新，发挥大型体育场馆的功能，保持良好的运营状态。成员之间通过联盟这一纽带密切沟通，推广体育场馆管理和服务标准化体系，共同引进、策划、组织、开发高水平文化活动与体育赛事等项目，并整合客户、市场资源，共同拓展市场，实现互惠双赢的格局。

2. 非体服务类营利模式

体育场馆的赢利不能只盯着体育服务，还要向观光旅游、餐饮娱乐、购物休闲、会议展览等全方位商业服务领域发展。非体服务类营利模式能充分开发体育场馆资源，以"非体经营"为主，拓展产业链。

（1）地产模式

地产模式能够建立起体育场馆建设与房地产开发的互动关系，创建多方参与、多家受益的建设模式。一般是政府划拨国有土地使用权给房地产商，房地产商负责体育场馆的建设和运营。获得国有土地使用权后，房地产商对土地进行整体规划和设计，在建设体育场馆的同时，在场馆周边搞房地产开发，如配套建造主题公园、住宅、商业区、写字楼、酒店、学校、医院、创意产业园、艺术中心等。体育场馆建成并运营后，能带动周边商业、餐饮、文化等产业共同发展。

（2）会展模式

会展模式是指通过对会展客户需求的专业调研，逐步探索适合大型场馆开展的商务会展服务模式，积极承办会展活动。会展业素有"城市建设加速器"的美名，能带动巨大的物流、人流、资金流、信息流和文化流，快速提升城市品位和知名度，进而促进城市经济结构调整，增强城市聚集和辐射功能。近年来，许多体育中心纷纷利用自身优势，把会展业作为一项主营产业，提升场馆经济效益。

（3）休闲娱乐市场拓展模式

休闲娱乐市场拓展模式是指依托场馆资源条件，开拓休闲文化娱乐市场，包括积极打造文艺演出品牌、发展文化创意产业、组织系列文艺演出，以及开展餐饮服务等项目。对毗邻城市主干道或大型交通枢纽、有稳定的客流量、有地理位置优越的体育场馆，此模式能够取得较好的经营收益。

（4）产业链模式

产业链是体育场馆相关产业活动的集合，其构成单元是若干具有相关关系的经济活动集合。此模式强调体育场馆商业运行中的产业链构建，即逐步整合、培育场馆资源，形成场馆运营、大型赛事、文化演出、大型活动、票务营销等各环节完整的文化创意产业链，最终形成集群优势。

（5）复合型商圈模式

复合型商圈模式是指通过整体打造体育场馆圈，带动场馆运营发展。商圈包含超市、银行、餐馆、药房等多种热点商业种类，在满足体育类消费者需求的基础上，积极吸引非体育类消费者。此类商圈模式需要具备地理位置优越、过境穿越人流量大、周边居住区密集等条件，我国比较有名的体育商圈有北京亚奥中心商圈、上海徐家汇八万人体育场商圈、广州天河体育中心商圈等。体育场馆应科学分析自身资产状况，进行合理的市场定位，引进能够适合群众需求的体育健身项目，形成项目优势；进而通过市场商业运作，扩大场馆的创收范围，带动相关产业经营，形成综合性商圈，产生集聚赢利效应。

（6）体育酒店营利模式

体育场馆开办酒店是一种较好的营利模式，可以通过场馆的主体形象打造运动特色主题，并通过主题照片、奖牌榜陈列、体育服务、休闲娱乐设施等营造运动氛围。体育场馆酒店的客户群包括大型赛事的运动员、教练员、体育记者及观看比赛的观众。上海八万人体育场的东亚富豪大酒店三层客房能够直接面向赛场，属于市场稀缺产品，是独具特色的卖点。

（7）旅游集散类营销模式

为避免体育赛事间歇性举办造成的停车场闲置与浪费，结合旅游集散场地的设置是一种有效的赢利手段。旅游集散的人流量非常大，体育场馆具备的大面积疏散场地，以及与市内交通的便利衔接，为游客出行带来了极大便利。例如，上海八万人体育场、虹口足球场、杨浦体育活动中心都是旅游集散点，借其班次频、线路广、景点多、购票便、车况好、服务优、价格惠的自助旅游特点，产业持续快速发展，知名度不断提高，受到越来越多中外游客的欢迎和支持，已成为上海市短途出游的首选。

（8）资本运营模式

资本运营模式是对体育场馆所拥有的一切有形和无形的存量资产，通过流动、裂变、组合、优化、配置等各种方式进行有效运营，实现价值增值、效益增长的一种经营方式。场馆通过本身的科学运作，如发行股票、利用民间资金、开发无形资产、与其他产业资源协作（加盟、收购、兼并、连锁）等，最大限度地实现增值。

（9）管理增效模式

管理是事关体育场馆发展的永恒主题，基础管理是体育场馆生存和发展的基石。许多场馆能在服务的管理上下功夫，借鉴现代企业运营管理制度和手段及星级酒店管理、标准化管理、俱乐部管理等形式，为各项工作的推进奠定坚实的基础，确保体育场馆持续发展、创新能力不断增强。

（10）业务外包模式

作为一种战略管理模型，业务外包模式是把体育场馆运营中非核心的业务委托给外部专业公司，从而达到降低运营成本、提高服务质量、集中人力资源、提高顾客满意度的目的。业务外包能将场馆解放出来，专注于核心业务，给场馆带来新的活力。目前，越来越多的场馆委托俱乐部经营或委托赛事公司运营赛事，或对保安、保洁、绿化、设施维修等进行托管。

3. 不同营利模式存在的问题

当前我国体育场馆的营利模式尚处于探索阶段，种类繁多、模式雷同，缺乏成熟的运作经验，主要问题如下。

（1）产品服务品种少，营销被动

各类体育场馆的服务产品大同小异，风格相近，缺少促销，存在等客上门现象。市场定位与产品类型的同质化，使顾客转换成本低，可以很容易找到替代品；同时，多数场馆未建立起自己的营销网络，缺少顾客满意度调查，因而每个体育场馆都难以培养自己的忠诚顾客。

（2）服务质量低，影响品牌形象

体育场馆是服务型企业，对顾客来说，服务质量是第一位的。因此，场馆管理规范，环境干净、整洁、舒适，服务周到、体贴等应是最基本的标准，但许多场馆并没有在此方面下功夫，造成消费者的不满。

（3）简单模仿，低层次竞争

由于缺乏竞争意识，缺乏创新机制，体育场馆无法产生创意性营销理念，只简单模仿，导致场馆陷入低层次的恶性竞争局面中。场馆管理者没有注意市场发展趋势，不能及时转换经营理念，以产业化、开放式的全新观念面对时代、面对市场，且难以构建全新营销理念，以摆脱低层次竞争。

（4）人力资源无法跟进，管理不规范

缺乏既懂体育又懂营销的专业人才，成为体育场馆发展的最大瓶颈。职业经理人市场尚未建立，经营人才奇缺，人才已经成为制约场馆发展的重要因素。体育场馆管理公司人才短缺的现状预示着目前体育场馆经营与管理发展的短板。

科学化管理是支撑企业赢利的内在基础，没有好的管理就没有好的利润，在体育场馆经营与管理过程中，场馆预订系统、顾客管理系统、人力资源、一卡通系统、场馆质量管理体系及内部管理制度等均呈现粗放式管理，无法提升客户的满意度，急需全面升级提高。

（5）体育市场鱼龙混杂，法规不健全

这首先需要从政府角度出台相应的法律法规来规范行业管理。政府应通过建立行业标准来提高体育市场的准入门槛，使经营者关注场馆服务职业化，提高服务质量。

三、体育场馆经营与管理模式的基本特征

（一）基于管理主体的体育场馆管理模式特征

1. 事业单位管理模式特征

体育事业单位是指从事体育竞技比赛或为体育竞技比赛、群众性体育活动提供训练和场馆服务的组织机构。资金来源分别是全额拨款、差额拨款和自收自支。

（1）全额拨款模式

全额拨款模式是在高度集中的计划经济体制下实行集中统一的领导，政府对体育场馆实行统收、统支、统管的方式。体育场馆的维护费用由财政经费支出。经济不发达地区常采用此种管理方式，其特点是把满足事业发展需求、保障运动队训练、服务全民健身、完成体育竞赛等职能作为首要任务，取得的社会效益往往高于经济效益。例如，辽宁省盘锦市体育场采取封闭式管理，日常开放仅限于市体校学生训练，训练之余主要承办中国足协杯赛、全国足球乙级联赛、国际足球友好交流赛及全市足球联赛等。

（2）差额拨款模式

差额拨款模式是保留事业单位的性质不变，部分运行费用由国家财政经费支出，同时在事业单位内部采用企业化管理模式进行自主经营、独立核算。国家一

般对房屋场地设备维修费、设备购置费和人员经费等实行定项补助，或实行以收抵支、定额补助的差额预算管理。这种运作机制在我国当前的体育场馆中较为普遍，只是各个场馆的具体运作方式各具特色。此模式的特点是既能享受事业单位的待遇和政策，又在内部采用了企业化运营管理机制，提高了体育场馆的运营管理水平。例如，广州天河体育中心是财政核补的事业单位，广州市财政局每年都向体育中心划拨基本经费和项目经费以保证场馆正常运营；同时，天河体育中心积极开展企业化运作，在保证社会效益的同时实现了较好的经济效益。

（3）自收自支模式

自收自支模式需完全通过自身的经营创收获得场馆的所有运行经费，国家财政不再给予补贴，体育场馆实现收支相抵、自收自支。这种模式也是事业单位的企业化运行模式，主要特点是保持事业单位性质不变，在保障政府对体育场馆管理权的同时，减轻了财政负担。上级主管部门在经济指标、领导任命、人事调动等重大问题上继续保持主导作用；体育场馆必须积极参与市场竞争，在竞争中求得生存和发展。例如，宁夏体育馆就属于正处级自收自支事业单位，经营上能盘活现存资本，开展体育技能培训、技术咨询、器材及服装销售、赛事运营等经营活动，还承接大型文艺演出、商贸展览、群众集会、舞美设备外租、广告策划制作及代理发布、餐饮休闲等活动，形成了以健身为主，其他配套项目为辅的"一条龙"经营服务格局。

事业单位模式能够得到政府的业务指导和扶持，在确保公益性的前提下，不断探索实现体育场馆的自主经营和自负盈亏。但此模式需要具备一定的条件，如当地的社会经济发展水平、市民健康意识程度、场馆所处地理位置、硬件设施条件和规划的合理程度、政府政策支持力度及场馆经营者的经营能力等。在此模式下，事业、企业的模糊属性依然存在。此模式的主要问题：① 体育场馆对外开放率较低，场馆服务于运动队集训、体育比赛等活动时无法保证对外开放的时间；② 经营方式单一，往往以提供单纯的活动场所或简单的场地租赁服务为主；③ 投资主体单一，融资渠道不畅，社会参与程度欠缺；④ 经济效益较低，除去高额的运营成本和维护费用后普遍存在亏损现象；⑤ 政策扶持不够，在经营、建设、融资、税收等方面无法享受特殊待遇，阻碍了体育场馆的发展。

2. 国有企业管理模式特征

国有企业管理模式指场馆拥有唯一的管理权和经营权，企业变成了场馆的主人，财务上执行企业会计制度。此类模式有体育系统自行组织并管理的公司，也有脱离体育系统，如隶属国务院国有资产监督管理委员会（以下简称国资委）管理的形式，还有多家公司参股形成伙伴关系的公司管理模式等。事业转企业，场馆伴随我国国有资产管理方式的变革，出现了体育场馆所有权和管理权收归国资委的情况。2006年12月，深圳体育场成功由事业单位转为国有企业，开始了市场化运作的经营道路。体育场馆转企后，政府不再负担场馆的运行费用和人员工资，在一定程度上减轻了国家财政负担。体育场馆按现代企业制度要求，深化内部改革，转变管理机制，并依照政企分开、政资分开的原则，逐步与各地体育行政部门脱钩，其国有资产由履行国有资产出资人职责的机构负责，一般是国资委或中体产业集团公司。转企场馆一般有3~5年的过渡期，在过渡期内，适当保留体育场馆原有的税收等优惠政策，原有正常事业费继续拨付。在改革过程中，"事业转企业"场馆会面临组织机构设置混乱、行政管理部门多于经营服务部门，缺乏专业人才等问题，致使管理效率低下，服务效果不佳。尤其是旧体制下兴建的体育场馆没有预留日后高端运营和商业开发的空间和配套设施，难以盈利，并且还存在公共服务与商业开发相冲突的矛盾。另外，政府购买公共服务的费用长期落实不到位，也使"事业转企业"的场馆雪上加霜。

3. 纯国企管理模式特征

进入21世纪，随着BOT（Build-Operate-Transfer 建设—经营—转让）等新型融资方式的普遍运用，大型场馆从建设之初就完全按照国有企业的模式设计和运作，场馆不再附带任何事业单位的属性。为强调此类场馆与"事业转企业"场馆的不同，特定义为纯国企管理模式。"水立方"和"鸟巢"等都是此类模式的代表。例如，广东佛山岭南明珠体育馆是由中体产业集团公司投资管理的综合体育馆，以"体育商务区"模式运营。此模式不但能进行多元化的经营开发，还能积极开展资本运营，实现多元融资和商业资源整合。目前看来，纯国企管理模式的体育场馆普遍能够获得社会效益和经济效益的双丰收。

4. 民营企业管理模式特征

民营企业管理模式指完全由社会或个人投资进行场馆的建设和运营，属于完全的私营企业化运作模式。例如，南通体育会展中心由民营企业南通中南集团投资建造。2008年开始由中南体育产业发展有限公司入驻运营。

此种管理模式的特征是：①场馆建造合同外包形式，即场馆建造业主根据自身需要，将场馆的设计、材料采购、场馆建造等内容通过法人招标手段外包给其他设计、建筑公司，以达到缩短建设周期、减少自身风险等目的；②场馆设备外包形式，即场馆管理者为降低设备维护成本或提高维护质量，将场馆设备维护的全部或部分工作外包给专业设备维修公司，以获得更高的设备维护效益。

（二）基于经营权获取的体育场馆管理模式特征

1. 自主运行模式特征

现阶段，我国体育场馆运营中形成了自主经营、承包、服务外包、委托经营等多种模式并存的局面。调查显示，全国体育场馆以自主运行模式为主，其他经营方式所占比例相对较低。自主运行模式的特征是体育场馆管理者亲自参与场馆的日常经营活动，场馆聘请专职或兼职的市场经营人才，积极采取广告、网络、俱乐部、会员制等多种手段开展营销。对能够深化改革的自主运营性质场馆而言，往往能够在内部开展改革，通过减员增效、厉行节约、开源节流、降低经营成本、调整经营项目结构，不断满足大众体育需求。通过加大市场开发力度，扩大经营范围，拓展新的业务，实现规模效益；通过人事制度改革，调整人力资源与其他经济资源的组合，实现资源配置优化；通过经营方式转变，提高经营效果；通过改革分配制度，建立激励机制。

自主运行模式基本保证了体育场馆的公益属性，能够向广大群众提供体育公共服务，其优势是直接对体育经营项目进行开发，可以对体育场馆的各种设施及其他资源进行整体统筹规划，因此能够实现经济效益的最大化和社会效益的最优化。直接经营也便于接待各种训练和比赛工作、减缓对外开放、封闭训练、承办赛事之间的矛盾，避免所有者和经营者之间的矛盾。由于体育场馆职工大多有从事体育活动的经验，通过直接经营可以培养职工经营管理能力，为我国体育事业培养一批既懂体育又懂经营管理的专业人才。

但此模式也避免不了传统计划经济体制下的"大锅饭""铁饭碗"等弊端，如资金缺乏使各种经营项目启动较慢，经营效率低下；部分差额拨款或自收自支场馆因经费短缺难以提供体育公共服务，并且由于员工人浮于事、管理层次复杂致使管理成本居高不下。

尽管体育场馆自主经营在一定程度上减少了财政支出、提高了管理效率，但也向政府和社会传达了一个不太准确的信息，即可以通过市场手段甩包袱，也就是把本应由国家承担的向群众提供体育公共服务的体育场馆简单的市场化、产业化。正如以前我们在"教育产业化"过程中走过的弯路一样，不能满足群众真正的需求，也就不符合国家建设体育场馆的目的和发展方向。

2. 合作经营模式特征

合作经营是指体育场馆以土地、房屋或其他设施作为投资，其他投资者以现金、设备、管理等作为投资而合作经营某些体育业务的经营形式。合作经营的特点在于通过合作、合资经营的方式解决体育场馆在经营过程中存在的资金和管理经验缺乏等问题，合作经营的双方或多方以有限责任公司的组织形式明确双方的投资风险和收益，并按股份比例分成。

与知名企业合作，便于利用知名企业的品牌效应和商誉增加客源，既能取得良好的经营业绩，也能扩大体育场馆在群众中的知名度。合作经营模式的主要特点是体育场馆的所有权和经营管理权相分离，场馆管理单位代表国家行使场馆所有权，同时以承包或租赁的形式向合作方让渡全部或部分经营管理权，主要有承包经营和租赁经营两种形式。由于借鉴了企业经营管理思路，其本质是以营利为目的的经营行为，在一定程度上改变了体育场馆的公益性。此外，还有股份制经营模式，即体育场馆与社会资金以股份合作的形式开展场馆经营与管理。总之，完全将体育场馆当作企业来经营，一定要避免削弱体育场馆的公益属性。

在推进体育产业化和市场化的进程中，合作经营与管理方式被普遍采用，但一定程度上会影响体育场馆的公益属性，存在模糊公共产品和私人产品的属性、社会效益与经济效益何者优先的问题。

3. 委托管理模式特征

委托管理模式强调所有权与经营权相分离，将场馆的整体经营权通过公开招标等形式外包给社会机构，由受托机构负责管理场馆运营中的一切事宜，如设备维护、水电供应及税费缴纳等。政府部门在实施场馆整体外包时，往往有一定的优惠政策，如减免房产税、土地使用税及享受事业单位标准的水电费用等委托管理模式。与合作经营模式有相似之处，都是将所有权和经营管理权分离，并由专业机构实施管理。但在合作经营模式中，承包方或租赁方作为利益共同体参与运营管理，其主要收益来自场馆经营开发收入的分成。在委托管理模式中，管理方直接对委托方负责，相当于是委托方雇用的一个物业，且根据其在公益性、收费项目、收费标准等方面的要求提供体育公共服务，同时接受委托方的监督检查。在经费管理上实行收支两条线，管理方获得的场馆开放等全部收入要上交委托方，而管理方的经济收益则来源于委托方根据《委托管理合同》规定应支付的委托管理费，管理方不能通过自身提供的体育公共服务直接获得收益，这种模式通常可以理解为政府购买公共服务。因此，委托管理模式较好地保持了体育场馆的公益属性，由于发挥了市场机制作用，它相比传统的管理模式效率较高，管理成本较低。正因为这种管理模式所具有的优势，我国一些市场化程度较高的地区已逐步尝试类似的管理模式。例如，浙江省宁波市游泳健身中心实行管理体制改革，将中心整体外包给美国西格集团公司。发包方为承包方提供了申报免征房产税和土地使用税等优惠政策，承包方则负责游泳健身中心的全面运营工作，不仅减轻了政府的财政支出，还为当地政府创造了经济收益。

委托管理模式在实践中也会出现一些问题：①未能实行收支两条线，管理方直接获得收益，再定期定额向委托方交纳委托管理费，使委托管理成为变相的承包经营或租赁经营；②政府未能提供相应的委托管理经费，导致彻底让渡了体育场馆的经营与管理权，体育场馆自主经营、自负盈亏，从而改变了体育场馆的属性。

4. 服务外包模式特征

体育场馆服务外包是指场馆管理部门通过与外部企业签订合约的方式，将非核心业务进行外包，利用外部专业化管理团队为自身提供所需的服务内容，以达到降低运营成本、提高效率、增强自身核心竞争力及环境应变能力的一种管理模式。我国体育场馆服务外包的本质是引入市场竞争机制，利用市场竞争避免场馆服务供给过程中政府垄断情况的发生。通过服务外包，可以节约成本、整合资金及人力资源，集中精力发展具有竞争优势的体育场馆本体产业，提高场馆的整体运营绩效。体育场馆服务外包可以选取成熟、高效的专业管理机构参与体育场馆的运营管理，为场馆管理者及消费者提供专业化服务。服务外包还可以解决无赛期工作人员闲置、冗员等问题。

第三节　国外体育场馆经营管理体制

国外体育场馆的经营与管理体制因国家经济发展水平和体育管理体制的不同，呈现较大差异，本节主要介绍部分发达国家体育场馆的经营与管理体制。

一、美国体育场馆的经营与管理体制

美国体育场馆运营管理模式呈现多元化的发展趋势。美国许多城市都开始雇用体育场馆专业管理公司对当地的体育场馆设施进行运营管理。这些公司由于经营规模的扩大，可以实现更大程度的规模效益。更重要的是，他们有能力使场馆设施的运营不受政治因素的影响，这样一来体育场馆的运作就有更充分的自由空间。在美国，多数接受政府财务资助的体育设施，其经营与管理已呈现越来越民营化的趋势。自从 1975 年路易斯安那超级圆顶体育场的经营与管理民营化之后，私人企业就普遍开始经营公共的体育场馆或者体育赛事。截至 1995 年，美国 33% 的城市将公园和游乐场所委托给民营企业经营。由私人企业经营体育场馆可以获得经济效益、提高服务质量、增加就业机会、确保劳动人口的稳定性。美国策略管理集团（Strategic Management Group，SMG）公司和 Global Spectrum 公司与市政及民间设施业主合作，经营与管理了美国众多的体育场馆。SMG 由两家财力相当的财团所组成，2009 年在全球共管理 220 座场馆、休闲设施等，SMG 经营与管理的娱乐场所座位总数已超过 200 万个。Global Spectrum 是美国时代华纳公司的一个部门，创立于 1994 年，是美国第二大政府赛事设施管理公司，目前管理北美 60 多座体育场馆设施。SMG 和 Global Spectrum 都为客户提供了相当大的服务选择空间，包括统包经营和开幕前的商务咨询、设计新设施的建设与现有设施的运营等。

美国体育场馆绝大多数是靠提高场馆使用效率实现盈利的，如组织体育比赛和娱乐活动的场租、门票、广告收入等的分成，以及停车场收入、餐饮服务等。

美国体育场馆的使用率非常高，如科罗拉多州丹佛市的一个体育场，每年平均举办的比赛在 100 场以上，平均每 3 天就举办一场；体育馆的利用率更高，如丹佛体育馆，每年组织职业篮球赛和冰球赛 80～100 场，另外还组织 40～50 场音乐会、文艺演出、马术及学校集会等活动，年观众达 1 300 万人次。从节约成本的角度考虑，美国体育场馆经营也颇具借鉴性，正式雇员较少，临时雇员较多，如迈阿密体育馆是拥有 16 900 个座位、16 个包厢的大型体育馆，却仅有正式雇员 30 人，组织大型活动时临时工增加到 300 人。

二、英国体育场馆的经营与管理体制

英国体育场馆多数由政府机构进行经营与管理。近年来，英国体育场馆经营模式逐步呈现多元化的发展趋势。英国现有的体育场馆62%由政府经营管理，17%由私人企业经营，21%则是由政府投资或委托专业机构经营管理。这种比例构成源自1988年撒切尔政府引入的公共服务竞争性招标体系，即强制性招标（CCT政策）。英国政府要求各地政府对公共体育场馆管理权实行强制竞标，即地方政府拥有场馆的产权，向社会开放场馆的运营管理权，逐步外包其管理权；但是这种外包要与承包方约定经济效益和社会效益相统一的考核指标，约定场馆提供的公共服务时间，运营机构要根据政府确定的相关标准（包括每个体育消费者的消费成本、消费满意度、政府补贴额度、场馆的使用率、服务对象和特别需求群体等指标）进行经营评估，并根据评估结果不断调整和修订服务内容与服务对象。

在英国，政府采用补贴和购买服务的方式支持场馆的运营需要，即使是私有企业管理的场馆，也可以享受政府补贴。近年来，伴随着政府成本补贴投入的逐年加大，政府也在不断寻找新的管理模式。目前，英国政府不断缩小直接管理场馆的比例，更多地采用委托专业运营机构管理的模式，政府不干涉场馆的日常运营，只通过双方约定的条件考核委托管理的运营效果。

在英国体育场馆设施中，学校体育场馆设施所占比例最高。在一般情况下，学校向公众开放的体育设施由学校自行管理，但学校只对体育场馆的内部使用进行管理，将非学校使用时段（夜间、周末、假期）的对外经营事务交给其他机构管理，一般多由各种体育俱乐部负责学校体育场馆设施非学校使用时段的管理。

三、日本体育场馆的经营与管理体制

日本体育场馆基本上是谁建设谁经营。近年来委托第三方经营体育设施的情况有所增加。许多公共体育设施委托公共体育机构、准公共体育机构、民间体育机构和团体经营和管理。特别是委托民间体育机构经营公共体育设施的情况有所增加，而且有以学生会为中心来经营学校体育设施的情况。

在日本体育场馆的构成中，社区体育场馆设施占很大比重，因此，促进居民主动从事体育场馆设施的经营工作是一个重要的发展趋势。为了补充社区体育场馆设施的不足，日本学校体育设施积极对公众开放，部分地方开始尝试委托居民组织对体育场馆设施进行管理和经营，或委托体育指导员经营体育设施。

商业体育场馆设施的经营者中出现了专门经营体育场馆设施的公司，也有的是由公司和政府共同出资经营。因此，体育场馆设施的经营主体有多样性的特点，包括中央政府、地方政府的公共机构、民间的准公共机构、社区机构及专业的经营公司等。由于体育场馆设施的服务对象、组织的体育活动类型及对参与者的指导等情况各异，使经营主体呈现多样性的特点。

目前，日本许多公共体育场馆都实行经营组织的财团化、法人化，寻求从行政机关的直辖经营到民办企业的委托经营的转换。日本文部省1990年调查了公共体育设施的管理和经营状况，结果表明：体育馆、游泳池及综合体育设施由设施的建造单位直接管理和经营委托（占49.9%），在委托式管理方式中设施维护管理采取委托式的占40.5%（包括部分和全部委托），此外的决定性工作仍由设施建造单位负责。

日本的《体育设施》杂志曾以公共健身房设施为对象进行了一项全国范围的抽样调查，共回收有效问卷70份，其中39家健身房沿用过去由公职人员管理的直接经营方式；25家委托民间机构或企业经营，占被调查设施的13%还多；其余是委托财团经营等其他经营方式。近年来，日本公共体育设施委托民间机构经营的趋势越来越明显，公设民营的优点是能够更好地满足会员的多样化需求。

四、澳大利亚体育场馆的经营与管理体制

澳大利亚多数体育场馆由政府投资兴建，主要有赛马与赛狗场地、健康与健身中心和体操馆、其他体育运动休闲娱乐场馆与设施。对健康与健身中心和体操馆而言，其资金的主要来源是收取会员的会费、休闲娱乐费和其他收入。澳大利亚地方政府为参与健身或娱乐休闲的个人提供的体育场馆（如游泳池和球场），它们也可用于地方各级体育协会的训练和比赛。州政府和国家出资兴建的体育场馆设施，很少向个人开放（观众除外），往往用于举办大型体育赛事，但在过去的十年里经历了重大的变化，如维多利亚州州政府管理的室内运动中心和游泳池变得更加商业化。维多利亚州在1994年首次引进强制竞争性招标的做法，改变了地方体育场馆的传统管理做法。强制竞争性招标提供了一个框架，即提供服务，尤其是体育运动与休闲体育场馆的管理，都是由当地政府主管部门和一些社会组织

（如基督教青年会和商业运营商）来承担。强制竞争性招标有效降低了体育场馆的运营成本，提高了使用效率，减轻了纳税人的负担，但往往影响了服务的标准和质量。根据澳大利亚休闲研究机构的研究表明，澳大利亚近40%的体育设施是由外部运营商来管理的。

第十一章　体育俱乐部经营管理

第一节　体育俱乐部的类型

体育俱乐部是指实行独立核算、自负盈亏的一种体育经营实体或体育社团组织。体育俱乐部大体上可以分为业余、职业和商业三种类型。

一、业余体育俱乐部

业余体育俱乐部是指以体育为共同爱好的人自愿组成的自治体育团体，属社团组织。其主要任务是组织自由参加的会员利用业余时间开展体育活动，一般以群众体育活动为主。

二、职业体育俱乐部

职业体育俱乐部是指拥有由职业运动员组成的、有资格参加全国职业联赛的职业运动队的体育俱乐部。职业体育俱乐部按性质又可分为非营利性和营利性两种类型。

（一）非营利性职业体育俱乐部

非营利性职业体育俱乐部大都是从业余体育俱乐部中分化出来的，并且实行"一部两制"，即除了拥有一个完全按市场机制运行的职业运动队外，其余主体部分和业余体育俱乐部大同小异。这类职业体育俱乐部按市场机制经营职业运动队的主要目的不是盈利而是创收，以解决运动员的生计、训练和比赛等问题。

（二）营利性职业体育俱乐部

营利性职业体育俱乐部则完全是按市场机制经营的、以竞赛为手段、以盈利为目的的体育商业组织。

三、商业体育俱乐部

商业体育俱乐部是近十年来基于"花钱买健康"的消费观念而兴起的以盈利为目的的体育服务企业，包括健康城、健身健美中心、保龄球俱乐部、网球场等。

第二节　体育俱乐部的经营管理

一、业余体育俱乐部的经营管理

由于业余体育俱乐部是一个非营利性的、业余的、自愿的、自治的群众性体育组织，其经营管理工作的核心是如何巩固和壮大会员队伍，以确保俱乐部的生存和发展，最大限度地满足各类会员的需要。因此，业余体育俱乐部的经营管理活动主要有以下几种：

（一）最大限度地满足各类会员的需要

为了最大限度地满足各类会员的需要，业余体育俱乐部采取的主要措施有：①积极组织成人及青少年会员参加各种级别的比赛；②积极组织一般会员大力开展多种形式的、丰富多彩的体育锻炼、游戏和竞赛活动；③逢年过节举行庆典活动以联络会员感情；④经常举办健身健美、健康保健等主题讲座，以满足会员健康、长寿、提高生活质量的愿望和需求。

（二）激发会员的奉献精神，提高俱乐部的亲和力、向心力和凝聚力

为了激发会员的奉献精神，提高俱乐部的亲和力、向心力和凝聚力，俱乐部除了采取上述这些措施以满足各类会员的切身需要，使会员能够从参与俱乐部的活动中得到实惠之外，俱乐部还应经常召开会员大会，向会员通报情况、商讨问题、征求意见，以充分发扬民主，并针对各人的专长，吸收他们参加力所能及的工作，以培养"爱部如家"的精神。同时，向为俱乐部做出重大贡献的会员和工作人员授予荣誉称号，并免收会费，以此来激发会员的荣誉感和奉献精神。

（三）努力扩大财源

业余体育俱乐部的经费主要靠自筹，且会员交纳的会费又是一个大头，因此业余体育俱乐部扩大财源的主要渠道为努力扩大会员的数量，以获取更多的会费收入。此外，尽可能多地举办俱乐部之间的比赛等大型活动，以获取门票收入、广告赞助收入和参赛费收入。也可以有偿地对非会员开放一部分场地和设施，或在会员中进行募捐和义卖等活动，以获取一定的经营收入。

二、商业体育俱乐部的经营管理

普通的商业体育俱乐部作为一个企业，其主要通过以下方法吸引体育消费者：提高服务质量，增添优良的练习设施和器械，加强专人辅导和保护，维护环境美观和整洁，延长服务时间，降低费用等等。

高级商业体育俱乐部大都采取商业化管理的俱乐部经营模式，其组织形式一般由董事会（设董事长、副董事长）和理事会（设理事长、副理事长）所组成。

高级商业体育俱乐部的会员一般分为荣誉会员（指对俱乐部做出重大贡献的会员，须经理事会推荐，董事会批准；除享有荣誉称号外，在会费方面还享受一定的优惠，直到全免）、个人会员和团体会员（以单位名义参加的会员，会员卡本单位的人均可使用）三种，与之对应的会员证一般分为金卡、银卡和铜卡三个等级（有的商业俱乐部不分等级）。

高级商业体育俱乐部的会费一般分为入会费（一次缴纳，退会时不退款）、年会费（每年缴纳一次）和保证金（会员在俱乐部内的信誉担保，无利息，会员如拖欠俱乐部的费用时可以从保证金中扣除，保证金在退会时还给会员）三种类型。

三、职业体育俱乐部的经营管理

所有职业体育俱乐部都是一个经营实体，经营活动是职业体育俱乐部赖以生存的基础，是经济上独立核算、自负盈亏、实行合同制的先决条件和重要保障。职业体育俱乐部经营活动的特点是走体育与市场相结合的道路，实行企业化管理，严格按照市场经济的竞争、价格和供需三大基本法则开展经营活动。职业体育俱乐部经营的主要商品有两种：①运动员所进行的比赛；②伴随比赛而产生的各种衍生产品。经营的目的有两个：①努力创收以解决运动员的生计、训练和比赛的费用问题；②以经济为杠杆，促进运动水平的提高，夺取更好的比赛成绩，为俱乐部和运动员本人增光。此外，对营利性职业体育俱乐部而言，还有一个更为重要的目的，就是为俱乐部所有者获取更多的利润。

虽然职业体育俱乐部各不相同，但经营管理大致相同，我们以大家最熟悉的职业足球俱乐部经营管理为例加以阐释。

1. 职业足球俱乐部的经营管理活动

职业足球俱乐部的经营活动主要有以下几个方面。

（1）组织门票收入

职业足球俱乐部主要靠足球运动自身的魅力去筹集发展资金，很少进行非营利性比赛。因此，组织门票收入是最基本的经营活动。在俱乐部的经费来源中，门票收入一般占50%以上。

观众是足球比赛的上帝，因此国外各职业队均十分重视票房价值，每年都要公布观众人数和门票收入情况，并和上一年同期进行比较，把此作为衡量俱乐部经营好坏、比赛水平高低的重要因素之一。没有观众就没有职业足球，也就没有足够的门票收入，从而俱乐部也就难以为继。因此，各俱乐部不惜重金高价聘请著名运动员加盟俱乐部，以增加票房价值。如马拉多纳转会到那不勒斯俱乐部的第一年，在14场比赛中就为俱乐部赚得320万美元的门票收入，其是马拉多纳转会费的1/3。所以，组织门票收入是职业足球俱乐部的基本经营活动。

（2）发展俱乐部的会员

俱乐部为扩大自己的实力和影响都积极发展自己的会员，并使会员费成为俱乐部主要经费来源之一。俱乐部的会员一般在本地发展，但一些影响较大的俱乐部在全国各地都有它的会员。经营会员的方式有多种，如一般会员、荣誉会员、理事会员等。会员交费不同，在俱乐部所享受的优待亦不同。一般有在门票上提供赠票、优惠票，保证会员能看到一些重大比赛等。俱乐部还可为会员提供队服、纪念品和随队到外地或国外观看比赛的优惠。在交通、住宿等方面提供优惠和便利条件。这样既满足了会员看球的欲望，又为本队增加了啦啦队，增进了会员与俱乐部之间的感情。另外，俱乐部向会员出售优惠的年票、季票和月票，使会员成为最基本的观众（国外一般占50%左右），门票基本收入得到保证。俱乐部还可成立会员之家，提供休闲、娱乐、用餐等便利，活跃会员的生活，促进会员与俱乐部之间的交往并增进感情。

（3）经营广告业务

俱乐部可经营的广告业务有很多，如场地广告、比赛服装和器材上的广告、门票广告、赛场实物广告及拍广告片等。厂商要利用比赛扩大自己的知名度、介绍和推销自己的产品，愿意付给俱乐部或运动员的广告费是十分惊人的。据报道，国外有些俱乐部的广告收入有时要占一场比赛收入的30%～50%。足球比赛观众多，电视转播面宽且时间长，广告宣传效果自然好。在商品竞争激烈的现代社会，新产品要打开销路，名牌产品要保住自己的市场占有率，都争相做广告宣传，因而广告越来越不可缺少，从而使俱乐部的广告业务源源不断。就对广告的需求程度而言，厂商远胜于俱乐部。因此，广告费就成为俱乐部的收入之一。

（4）出售电视转播权

出售电视转播权是职业足球俱乐部的又一经营活动，也是职业足球俱乐部经费的主要且可靠的来源之一。1990年世界杯足球赛，从电视转播中获得的收入超过2亿美元。1995年欧洲足球三大杯赛的电视转播费为1.44亿美元。到2018年俄罗斯主办世界杯足球赛时，电视转播权收入更高达27亿美元。电视转播权一般由各国足协掌管，各参赛俱乐部提取一定比例的分成，但也有国家是由俱乐部直接与电视台进行交易，特别是一些商业性比赛，其收入大多数归俱乐部所有。

（5）发行足球彩票

彩票是取之于民、用之于民的一种集资形式。足球彩票是体育彩票的一个重要组成部分。

足球彩票也有多种形式，常见的有成绩预测彩票、幸运抽奖彩票等。成绩预测彩票，即对每轮甲级联赛成绩进行预测，或对某一大赛成绩进行预测的彩票。幸运抽奖则是在每场比赛的门票中抽签确定得奖的号码，当场领取实物或赛后到指定地点领取巨额资金或实物。俱乐部和球队可从足球彩票经营中获得发展经费，用于球队建设和聘请更高水平的球员和教练，提高比赛水平，吸引更多的观众，增加更多的门票收入，形成俱乐部经营活动的良性循环。

（6）转卖队员

由于职业足球俱乐部拥有众多优秀的球员和后备队员，因此球员本身就是一大笔财富。如 AC 米兰队的主力球员总价值达 6 300 万美元，尤文图斯队球员的总价值为 5 850 万美元，国际米兰队球员的总价值达 5 450 万美元，法国马赛队球员的总价值为 4 250 万美元，德国拜仁慕尼黑队在好几位球星外流的情况下，其球员总价值也达 3 220 万美元。俱乐部若经济拮据，濒临破产，则可通过转让自己的球员，甚至是优秀球员，以换取转会费渡过难关。若俱乐部经营有方，也可通过培养优秀的后备球员，将其转卖给其他球队并获利。

（7）开发球迷产品，经营第三产业

由于职业足球俱乐部一般都拥有众多的会员和球迷，因而俱乐部还可开发和经营各种球迷产品，如队服、队旗、纪念章等。俱乐部也可利用自己的场地开办酒吧、娱乐场所、健身中心等，以获取相应的经营收入。

2. 职业足球俱乐部在管理体制上的特点

（1）俱乐部实行独立的经营管理

所谓独立的经营管理，即意味着俱乐部是一个独立的经济实体和经营单位，有独立的管理机构和管理方式，实行企业式的经营管理。俱乐部在符合条件的情况下向足协登记注册后，即享有法人的各项权利和义务，经济上自筹资金、自主经营、自负盈亏，并按国家有关规定上缴利润和税收。俱乐部在国家法律规定范围内进行经营活动和开展竞争，其经营活动同时也受法律保护和约束，俱乐部的收入必须用于自身建设，不能挪为他用或私人占有。

（2）俱乐部对教练员和运动员实行合同制

对教练员和运动员实行合同制，即意味着允许竞争和球员流动，俱乐部按自己的需要和经济实力在足协允许范围内聘请教练员和运动员，教练员和运动员根据自身的价值和球队条件与水平自由选择俱乐部。实行合同制是职业化管理的核心，聘方和受聘方通过契约的形式确立双方之间的劳资关系，明确双方的责、权、利，其契约具有法力效力。

第十二章　体育赛事管理

第一节　体育赛事管理原则与任务

一、体育赛事管理的定义

所谓体育赛事管理，是指在一定的环境下，通过对体育赛事相关资源进行计划、组织、领导和控制等工作，保证体育竞赛工作顺利开展，并达成体育赛事组织者既定目标的过程。

体育赛事管理是对体育赛事整体及各方面工作的管理活动的总称，涉及体育赛事的市场营销、体育赛事的场馆建设和运营管理、体育赛事的安保、交通、设置相关基础设施建设及竞赛管理等多个方面，其核心为体育赛事竞赛管理。

二、体育赛事管理的基本原则

体育赛事管理的核心是竞赛管理，直接与竞赛活动相关，这决定了其具有独特的规律和原则。

（一）确保竞赛工作顺利开展原则

体育赛事竞赛管理的核心目标是确保竞赛工作的顺利进行，这一目标贯穿体育赛事竞赛管理的始终。从赛程赛制的设计，到竞赛计划的具体实施，再到竞赛工作与体育赛事其他方面的管理工作的协调衔接，都必须坚持竞赛工作顺利开展的原则。

实践中，有一些体育赛事的组织者出于办赛经费或市场推广等多种因素考虑，会对竞赛管理工作提出新的要求。判断这些要求是否能够得到满足或是否可行的基本标准就是看其对竞赛工作的开展有无消极影响。例如，有的体育赛事为提高影响力，将竞赛活动安排在不具备办赛条件的场地进行，严重影响竞赛组织工作，这就违背了竞赛管理必须坚持竞赛工作顺利开展的原则，进而对体育赛事产生不利影响。

（二）确保公平竞赛原则

公平公正是体育竞赛的灵魂，是体育赛事顺利开展的基础。体育赛事竞赛管理的主要内容是对体育竞赛的管理，这就要求在竞赛组织过程中必须贯彻公平竞赛的原则。竞赛管理工作要从各个方面、各个环节确保竞赛活动是在公平公正的环境下进行的。事实上，公平的原则不光体现在赛程的制定、竞赛的编排、裁判的选派和监督等工作方面，还要体现在竞赛组织工作的各个环节。例如，运动员的接待和服务、竞赛场地设施的选择和安排等。

（三）增强观赏性原则

体育竞赛的精彩程度在很大程度上决定了体育赛事的整体质量和价值。精彩激烈的竞赛无疑是体育赛事组织者所追求的重要目标，观赏性高的体育赛事能够带来更高的关注度和媒体曝光度，更能体现体育赛事的社会影响力，也更能提升体育赛事的市场价值。因此，在竞赛组织工作中，除了上述两个最基本的原则以外，还应遵循增强竞赛观赏性的原则。

三、体育赛事管理的主要任务

从体育赛事竞赛管理实务操作层面来讲，竞赛管理工作一般包含以下几项主要任务：

（一）组建竞赛管理团队

体育赛事竞赛管理的首要任务是组建竞赛管理团队。竞赛管理团队是竞赛组织工作的核心团队，具体负责与竞赛直接相关的各个环节和各项工作的计划、实施和控制工作，同时负责竞赛环节与体育赛事其他环节的协调和衔接工作。组建竞赛管理团队，要综合考虑体育赛事管理的整体目标和要求、体育赛事所拥有的资源条件、运动项目的特征及办赛的外部环境等各方面因素，科学合理地设置竞赛管理团队的组织结构、人员配置和职责分工。总之，通过组建竞赛管理团队，确保竞赛管理工作的顺利开展。

（二）制订竞赛管理计划

体育赛事竞赛管理团队的首要职责是根据体育赛事的整体目标和条件，制订详细的竞赛工作计划。竞赛工作计划是整个竞赛工作的指导性文件，以确保竞赛相关的筹备和实施工作按时按地、保质保量地完成，同时确保体育赛事各部门、各环节的工作与竞赛工作协调推进。例如，一场马拉松赛事，其宣传工作、市场开发工作、交通、安保和志愿者等工作都是围绕特定比赛日的竞赛安排开展的。事实上，一项体育赛事活动无论规模多大，其所有相关管理工作都要围绕竞赛工作计划这一核心开展。

（三）实施竞赛管理计划

体育赛事竞赛管理工作的效果主要通过竞赛管理计划的实施过程来衡量。一份好的竞赛工作计划虽可以为竞赛管理工作的顺利进行提供坚实的基础，但竞赛管理计划的实施情况才是最终决定竞赛活动成败与质量高低的关键环节。

（四）竞赛管理过程的评估与控制

体育赛事竞赛管理工作还有一项重要任务，就是对竞赛管理过程进行实时的评估与控制，这项工作的意义在于：①确保竞赛组织工作不偏离既定的工作计划和目标；②确保竞赛工作与其他环节的工作保持协调一致；③确保竞赛管理工作中出现的问题或新情况能够及时得到解决和应对。

四、体育赛事管理的过程

按照项目管理的理论，体育赛事的管理过程主要包括体育赛事的启动、体育赛事的计划、体育赛事的控制、体育赛事的组织与实施、体育赛事的收尾五大板块。

（一）体育赛事的启动

启动一项体育赛事，其程序为：①体育赛事开始于想象和主意；②进行情形分析（体育赛事所涉及的领域和内外部环境情况等）；③进行竞争对手分析；④确定目标；⑤进行可行性分析；⑥决定是否继续；⑦开始申办。

（二）体育赛事的计划

体育赛事计划是对体育赛事实施过程及行为的理论规划和设计。体育赛事计划的目的在于指明体育赛事的方向，减少各种非确定因素的干扰和冲击，同时也为未来体育赛事的运作建立了控制标准体系。

1. 体育赛事计划的内容

（1）根据体育场馆的容量和历史记录决定预期收入，根据预期收入制订财政预算和开支计划。

（2）确定体育赛事前、中、后活动的时间安排，分配好时间。

（3）明确每一项任务的最后期限。

（4）与参与活动的每一个人，如销售商、主要工作人员、志愿者、领导及官员等定期交流，以确定和核实计划落实情况。

（5）明确需要什么样的礼节，明确一些联盟或联合会的特殊礼节和规定，并将其纳入计划中。

（6）在体育赛事的单个计划中，列出每个部门负责的所有活动。然后把所有的单个活动汇总到总计划之中。

（7）在计划手册内要有总联系表，列出体育赛事管理队伍人员的姓名和重要号码。

（8）在计划中提前决策偶发事件，如体育赛事因下雨而受阻，是否取消计划。

（9）以最小的可计量单位制订计划。

2. 体育赛事计划的制订

体育赛事计划制订的步骤为：①确定目标；②分析环境；③提出方案；④确定方案；⑤编报计划；⑥制作计划流程图。

（三）体育赛事的控制

1. 体育赛事控制的步骤

体育赛事控制步骤包括：衡量实际行为、实际行为与标准进行对比和采取管理行动。

2. 体育赛事控制的类型

（1）预先控制

预先控制是最渴望采取的控制类型，因为它能避免预期出现的问题。它发生在实际工作开始之前，是未来导向的。预先控制意在采取措施避免问题的发生，其关键是在问题发生之前采取管理行动。这种控制需要及时和准确的信息，因此很难办到。但可借鉴其他体育赛事的经验，也可通过环境分析提前预防。

（2）实时控制

在体育赛事进行时予以控制，管理者可以在发生重大损失之前及时纠正问题。在体育赛事中，这种控制方式最常用。目前，将录像监控系统引入体育赛事能很好地进行实时控制，以降低风险。

（3）反馈控制

反馈控制为管理者提供了关于计划的效果究竟如何的真实信息。如果反馈显示标准与现实之间只有很小的偏差，说明计划的目的达到了。如果偏差很大，管理者就应利用这一信息使新计划制订得更有效。对体育赛事的评估实际上就是反馈控制，它不仅是一种总结与弥补，而且可为其他体育赛事的举办积累经验。

（四）体育赛事的组织与实施

（1）明确工作范围。

（2）工作划分：① 工作人员；② 志愿者；③ 利益群体。

（3）任务分析：主要目的是财务预算，评估各项工作板块的费用、所需时间、人员和物资供应等。

（4）制定进度表：将每项关键任务列入时间表，并特别说明完成任务的最后期限。

（5）确定关键途径：对相互冲突的时间表，要明确各项任务的优先次序。

（6）责任分配。

（五）体育赛事的收尾

考虑赛后使用和赛后使用者及为评估长远目标而进行的评估过程。

五、体育赛事竞赛管理的机构设置

所谓体育赛事竞赛管理的机构设置，就是根据体育赛事的整体目标及具体的竞赛目标和任务，按照一定的标准对竞赛相关的人员、资源等要素进行划分，形成若干功能互补的工作部门或小组的过程。

总体来讲，体育赛事的竞赛管理机构是体育赛事众多职能机构的有机组成部分。竞赛管理机构的主要职责是承担体育赛事活动中与竞赛直接相关事务的组织管理工作。竞赛管理机构的核心目标是确保竞赛工作的顺利完成。

一般而言，竞赛管理的机构设置按照工作职能进行分工。如竞赛规则、场地器材、运动队和运动员服务、裁判员和技术官员服务、竞赛志愿者管理等。

竞赛管理机构的设置根据体育赛事的规模和复杂程度来确定。小型体育赛事的竞赛管理机构可能分工很简单，大型体育赛事的竞赛管理机构的分工则可能非常复杂。以 2008 年北京奥运会为例，其主要负责奥运会各项竞赛相关工作的体育部就下设了综合处、竞赛处、国际联络处、志愿者联络处、场馆管理处等职能处室。此外，还为每一项运动组建了专门的竞赛管理团队，具体负责各自运动项目的具体组织工作。

第二节　体育赛事运行管理

体育赛事的运行管理工作涉及场馆、安保、交通、志愿者和市场开发等许多方面，是一项系统工程。其中，体育赛事的竞赛管理是体育赛事管理诸多工作中的核心和基础性工作。体育赛事竞赛工作的效率和质量直接决定了整个体育赛事的效率和质量。本节将系统学习体育赛事竞赛管理工作的相关内容。

一、体育赛事竞赛编排工作

体育赛事竞赛编排是关于竞赛活动形式的具体安排，是竞赛工作的重要内容之一。科学合理的竞赛编排是体育赛事正常进行的基本保证。

竞赛编排工作的主要任务和目的是在一定时间和空间范围内，按照一定标准对赛事所包含的所有比赛进行科学合理的安排。

（一）竞赛编排的内容

竞赛编排的内容主要包括赛制和赛程两部分：

1. 赛 制

体育赛事的赛制安排是指按照一定的标准对竞赛的具体组织方式进行规定。赛制的形式多种多样，要根据赛事具体情况具体设定。通常来讲，体育赛事竞赛赛制主要有循环赛制、淘汰赛制两大类。循环赛制又可分为单循环、双循环等形式，如中超足球联赛就是采用主客场双循环赛制。淘汰赛制具体也可分为不同的形式，如单场淘汰赛、交叉淘汰赛等。当前大多数的职业网球赛事均采用单场淘汰赛制。

2. 赛 程

体育赛事的赛程安排是关于竞赛日期、时间、地点、赛场及对阵双方等的具体安排。一般来讲，赛程安排可分为总赛程安排和每日赛程安排。

赛程安排应根据赛事整体的规模和目标等进行设置。简单的赛程可能只涉及一天、一个场馆，而复杂的赛程则可能时间跨度很长，且涉及数量很多的比赛和场地。

（二）编排工作的原则

赛程安排中最核心的工作是竞赛编排工作。编排工作的好坏直接影响赛事的竞赛质量。因此，需要掌握编排工作的原则。

1. 不得违反竞赛规程的相关规定

作为竞赛活动的纲领性文件，竞赛规程一般规定了赛事举办的时间、地点、项目、赛制等基本安排，在具体的竞赛编排工作中应严格遵循竞赛规程的相关规定。

2. 确保公平公正

在竞赛编排过程中，要充分考虑竞赛的公平性和公正性，避免竞赛安排明显有利于个别参赛者或参赛队。例如，要连续进行多场比赛，应通过合理编排，尽量避免有的运动员需要连续作战，而有的运动员则能得到充分休息的情况发生。

3. 增强比赛观赏性

好的竞赛编排要在保证公平公正的前提下积极考虑观众需求，努力提升赛事的观赏性。

4. 合理利用场地设施

好的编排要提高赛事运行的效率，其中很重要的一点是要充分考虑比赛的场地设施条件，要通过合理编排达到对场地设施的最有效利用。

二、体育赛事运行相关人员的管理与服务

体育赛事竞赛工作涉及参赛运动员、教练员、裁判员、技术官员、志愿者等多种不同性质的人员，对这些人员应实行分类管理。

（一）运动员的管理与服务

运动员是竞赛活动的主体，也是竞赛管理工作的重点关注对象和重点服务人群。对运动员进行有效的管理和优质的服务，有助于运动员在比赛中竞技水平的发挥，从而提升体育赛事核心产品的质量。

对运动员的管理与服务的内容主要包括：①运动员的注册和报名管理及服务；②运动员的交通管理与服务；③运动员的食宿管理与服务；④运动员的竞赛管理。

（二）裁判员、技术官员的管理与服务

体育赛事的裁判员、技术官员是保障竞赛工作顺利进行和比赛公平公正的重要力量。因此，对裁判员和技术官员的良好管理和服务是竞赛管理工作的重要内容之一。

对裁判员、技术官员的管理与服务的内容主要包括：①裁判员的选拔、任用和资格审查；②技术官员的沟通联络；③裁判员、技术官员的食宿服务；④裁判员、技术官员的交通和通信服务；⑤裁判员、技术官员的服装、装备提供服务。

（三）志愿者的管理与服务

志愿者是体育赛事各项工作顺利开展的重要辅助力量，竞赛工作同样离不开志愿者的协助与支持。体育赛事的志愿者，是由赛事组织者面向社会或特定人群招募的自愿参与体育赛事的竞赛组织管理工作、无偿提供服务的各类人员的总称。

对志愿者的管理与服务的内容主要包括：①志愿者的招募与遴选；②志愿者的分工与培训；③志愿者的岗位配置与协调；④志愿者的监督与评估；⑤志愿者的保障与激励；⑥志愿者的遣散。

三、体育赛事竞赛日程管理

体育赛事竞赛管理的落脚点是对竞赛当日的管理，即前期所有相关工作计划的实施执行阶段的管理。

对竞赛当日的管理，原则上必须严格按照事先制订的工作计划安排实施，不能随意变更、增减工作内容。

竞赛日管理的关键是要制订竞赛日工作计划安排表，事先对比赛当日的所有相关工作进行责任到人的安排，以确保各项工作的有序开展。

四、体育赛事竞赛风险管理

作为体育赛事竞赛管理工作的完整过程，除了前述各项主体工作以外，还要注意加强相关的保障工作，以确保竞赛工作按照计划顺利开展。其中，竞赛管理的控制与评估是必不可少的内容。例如，近年来随着参与路跑赛事人数的增多，比赛过程中的安全事件屡有发生，有的赛事由于事前对突发事件缺少应对计划和措施，对竞赛活动的安全顺利进行造成了消极影响，从而降低了赛事整体的质量。其实，许多的突发事件都是可以通过事先计划和控制有效预防或应对的。

对体育赛事竞赛管理的风险控制是指通过预先审查、分析和计划，对竞赛工作中可能出现的风险进行有效防范的各项工作的总和。风险管理和控制的关键在于事先尽可能地穷尽竞赛工作中可能出现的问题，做到凡事有计划、有预案、有应对措施。例如，在竞赛过程中出现运动员对裁判判罚不满而罢赛抗议的情况，如果事先没有详细的应对预案，则可能导致比赛无法顺利进行，给赛事的整体推进造成消极影响，甚至会对赛事的社会形象造成破坏。

　　一般来讲，对竞赛工作的风险控制主要有三种方法：①严格过程控制，在赛事筹备和进行过程中及时发现和解决出现的问题；②制定尽可能详细的应急预案，事先将竞赛过程中可能出现的风险情况和导致风险的因素都考虑到位，并制定相应的应对流程和方案；③购买相应的保险以应对可能发生的意外情况，为竞赛工作提供必要的保障。

第十三章　体育公共服务管理

第一节　体育公共服务概述

公共服务是 21 世纪我国公共行政和政府改革的核心理念，包括加强城乡公共设施建设，发展教育、科技、文化、卫生、体育等公共事业为社会成员参与社会经济、政治、文化活动等提供保障。公共服务以合作为基础，强调政府的服务性，强调公民的权利。

公共服务指政府为满足社会公共需要而提供的商品和服务的总称。它是由以政府机构为主的公共部门生产的、供全社会所有公民共享消费、平等享受的社会产品。

体育公共产品内在的非竞争性和非排他性决定了政府必须在体育公共服务供给中居于主体地位。目前，我国民间组织参与程度低，多元公共治理结构尚未有效形成。政府在体育公共服务供给中的基本职能：①政府站在消费者的角度，制定体育公共服务政策；②监管体育公共服务的生产与提供；③付费，政府通过"付费"，保证基本体育公共产品和实现体育公共服务的均等化；④直接生产和提供某些体育公共服务。

政府对体育公共服务负有主要责任，但这并不意味着政府是提供体育公共服务的唯一主体。在体育公共产品供给过程中需要建立包括民间组织在内的多元参与机制，应把一些公益性、服务性、社会性的体育公共服务职能转给具备一定条件的民间组织，在政府和民间组织之间建立起一种取长补短的平衡关系和合作关系。

政府作为体育公共服务供给的主体，并不排斥体育公共服务提供主体与方式的多元化。国际经验表明，多元化的参与主体与方式，有助于提高体育公共服务的总量与效率。随着社会主义市场经济的逐步确立，政府应把更多的职能以多种形式转移给非政府、非营利性社会团体承担。

这种多元治理结构不再是以前那种以政府为主导的网络，而是由公民、社会和非政府组织共同参与，将政府机构内部决策、执行、监督等制衡机构和外部的监督与互动机制有机结合起来。

第二节　体育公共服务结构体系

体育公共服务是一个实践系统，整个系统至少包括体育公共服务管理、体育公共服务规划、体育公共服务融资、体育公共服务提供和体育公共服务绩效评估五个系统。（图 13 - 1）

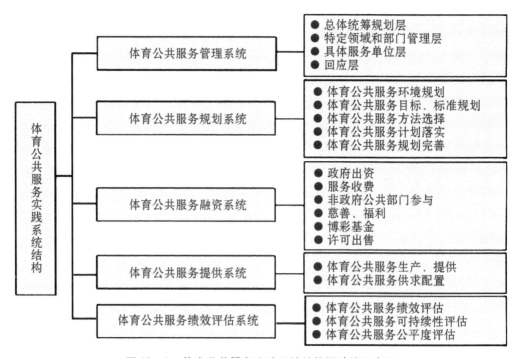

图 13 -1　体育公共服务实践系统结构及功能示意图

一、体育公共服务的供给主体、工具和过程

体育公共服务的供给主体既有政府部门，也有非政府部门；既有非营利部门，也有私营机构。提供工具是指政府采取什么手段或方法来提供体育公共服务，如运用财政资金、公共权力、政府信息、特许经营授权等工具提供服务。体育公共服务的过程是一个社会公众、政府和各种直接提供者的互动过程，包括社会需求和意愿表达、政府决策和组织安排、直接提供者向社会成员提供一线服务、体育公共服务问责等环节。（图 13 - 2）

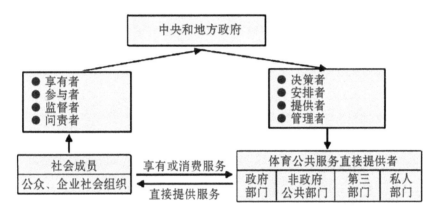

图 13 - 2　体育公共服务关系示意图

二、体育公共服务供给模式

我国的体育公共服务体制不能照搬西方国家全面市场化，而应是循序渐进，在一定范围内允许和鼓励私营机构进入体育公共服务的领域，逐步建立起以政府为主、其他供给主体共同参与的新型体育公共服务供给体制。

第十四章　体育广告及赞助管理

体育广告是体育产业的重要组成部分。体育部门在面向市场，走产业化发展道路中，以及所开展的体育经营活动里，有许多是和体育广告经营活动有关的。通过对体育广告经营管理活动的研究，可以加快我国体育产业化发展的进程。

第一节　体育广告的功能、优势及分类

一、体育广告的功能和作用

体育广告的功能和作用，一般可归纳为以下几个方面。

（一）传递信息，沟通产需

体育广告的功能和作用就是通过体育媒体把产品或劳务的信息传递给可能的消费者（包括现实的和潜在的消费者），即沟通产品的生产者与消费者（或用户）之间的联系。

（二）激发需求，增加销售

体育广告的第二个功能和作用就是要通过体育广告的宣传，使那些原来不打算购置这种产品的单位或个人能对这种产品发生兴趣，进而产生购买的欲望和冲动。

（三）指导消费

体育广告的第三个功能和作用就是通过产品知识的介绍，起到指导消费的作用。有些产品消费者购买以后，由于对产品的功能和结构不了解，既不会正确使用，也不善于保养，往往会产生这样或那样的问题。

（四）树立企业形象，扩大产品知名度

许多企业、许多产品、许多品牌原来并不为人们所认识，通过体育广告的宣传作用，往往会成为家喻户晓的著名品牌，不少消费者是通过体育认识了企业及其产品。如在北京亚运会期间，成立不久的贵州天然矿泉饮料公司，拿出 100 万元广告费赞助亚运会，从而让名不见经传的"苗岭矿泉水"一鸣惊人，被列为亚运会指定产品。消息传出，外商纷纷慕名而来，有人提出兴办合资企业，有人要求承担海外市场总经销，专家预测"苗岭矿泉水"会像茅台酒一样，成为贵州的头等产品，这完全得益于体育广告的宣传作用。

二、体育广告的优势

现代社会广告媒体很多，其中主要媒体是报纸、杂志、广播、电视及网络等，不同的广告媒体其特点和优势是不一样的，和以上这些广告媒体相比较，利用体育媒体做广告宣传具有如下特点及优势。

（一）观众多，广告传送面广

一场体育竞赛的现场观众动辄成千上万，电视观众更是数以亿计。如第 24 届世界杯足球赛决赛阶段世界五大洲电视观众累计达 20 多亿，1998 年法国世界杯期间累计的电视观众高达 30 亿，其人数之多是其他任何活动所望尘莫及的。

（二）时间长，一次投资多次受益

平常厂商在电视上做一次广告时间只能以分、秒计算，而一场体育比赛往往数十分钟甚至数小时。大型国内体育赛事，无论是场地、服饰，还是电视转播的重复率都很高，因此广告的重复率也很高，这样对广告主来说就是一次投资，多次受益。

（三）效果自然，易为人们所接受

观众在欣赏精彩比赛的同时，也自然而然地接受了广告的宣传。

（四）影响大，广告效益好

体育广告的要价高得惊人，即使如此，争做体育广告的厂商仍源源不断，因为商家企业都知道这是一本万利的买卖。

三、体育广告的分类

按照不同的广告形式和不同的媒介，可以把体育广告分为以下几类。

（1）场地广告。这是最普遍的形式，即利用体育场所，借助各类体育比赛或其他体育活动的机会，征发广告，在场地悬挂或摆设。

（2）路牌广告。即借助体育比赛或其他体育活动的机会，在体育场馆内或场馆外的路旁建筑物上建立广告牌。

（3）冠名广告。这就是给各种体育活动冠以企业或产品的名称，如"万宝路杯足球甲A联赛"，还有一种在奖杯上冠名，如"八运会"上的全部奖杯均被冠以企业或产品的名称。

（4）优秀运动队或俱乐部办广告。即优秀运动队或俱乐部同企业挂钩，企业赞助其金额，共同办优秀运动队或俱乐部，而优秀运动队或俱乐部则以企业产品的商标或企业名称作为运动队或俱乐部的名称，运动队或俱乐部的隶属关系不变，但在比赛时（除国家规定的某些比赛）均以此广告赞助单位作为队名出现。

（5）证件广告。即利用体育活动的入场券、所佩戴的证件、号码布及秩序册、挂件等，在媒体的适当位置印上企业要宣传的产品名称等做广告宣传。

（6）专利广告。即在某些体育活动中，企业为推广经营而提供产品，如指定饮料、指定产品，标志产品等。

（7）彩票赞助。即利用体育比赛或专项体育活动，发行不同面额的体育彩票或有奖票，筹集资金，烘托比赛气氛。如1996年6月8日，在江湾体育场举办的上海豫园队对青岛海牛队的甲B足球比赛，豫园股份有限公司为吸引观众观战，设置了现场抽奖环节。

除上述几类体育广告外，还有体育场馆内外设置的立牌广告、电子记分牌广告、气球广告、啦啦队广告、背景台活动广告、比赛线路图设置的广告等。除此之外，还有在宣传体育活动的画册、纪念物、明信片、报纸等物品上印刷的广告，也有以体育报刊、电台体育节目、电视体育节目等传播企业及其产品的广告，以及利用优秀运动员做广告宣传等。

第二节　体育广告的营销管理

一、体育广告的经营

体育经营单位经营体育广告业务应根据体育广告经营的基本原则及主要经营策略进行经营。

（一）互利是体育广告经营的基本原则

争取体育广告赞助首先要考虑广告客户的利益，赢得客户的信任和支持，否则一味强调自身利益是很难进行合作的。由于目前我国体育市场发育不健全，因而体育广告业的发展也不平衡，因此实行互惠互利的情况在各地也不完全一样。

（二）体育广告经营策略

获得体育广告经营业务并不容易，少数体育广告是客户主动找上门来的，大多数体育广告业务则是靠体育广告经营单位提前同企业联系，主动争取来的。经验说明，争取体育广告业务是一门技术、一门学问，要搞好体育广告经营管理，必须掌握有关的经营谋略。

1. 体育广告主的选择

体育广告主的选择是有一定讲究的。一般来讲，与运动有关的企业及产品（如运动器材、运动服装、运动鞋帽等产品）、家电产品（如电视机、家用电脑等产品）、摄影器材（如照相机等产品）及民用和大众日常生活用品（如建材、服装、饮料、保险等产品）比较适合利用体育媒体进行广告宣传。

2. 要了解广告主的有关情况

（1）要了解企业的总体情况。要向企业提出一年的体育竞赛活动计划，宣传活动的规模、影响和优惠条件，为企业提供产品需求量和需求趋势的预测资料。

提供竞争者对市场占有情况的资料；提供用户对产品的设计、商标、包装反馈的信息；为企业拟订广告计划和广告策略提供较好的媒体；争取企业把体育广告赞助列入活动计划。

（2）了解企业的宣传需求。对一个企业来说，它的老产品要宣传，新产品更要宣传；销路不好的要宣传，销路好的为了更有力地参与竞争、扩大市场占有率也要宣传。因此，想得到企业的广告赞助，重要的是要了解企业迫切需要重点宣传的是什么，以及怎样宣传才对它有利。

（3）了解企业管理者的个性心理特征及兴趣爱好。企业广告费开支是计入产品成本的且有一定的比例，广告宣传可投放在任何广告媒体来宣传其产品及企业。企业管理者对体育是否感兴趣、对体育的经济功能是否有清楚的认识、对哪些体育运动项目感兴趣，这对体育广告经营者能否拉到体育广告业务有直接关系。如果他们爱好体育活动，热心社会公益事业，并对体育的经济功能十分熟悉和了解，上门争取广告赞助，效果较好。否则，难度较大。对体育广告经营单位来说，能够注意到这些细小问题对工作是有利的。与企业保持经常联系是体育广告业务经营中的一项重要公关活动，不管企业经营好坏，也不管企业是否打广告，都要与其保持密切的联系和沟通，适当进行"感情投资""以诚待人"，这样可取得企业的好感及信任，从而为今后的业务往来打下基础。

（4）主动帮助反馈宣传效果。广告的宣传作用是有的，而且是大的，但它也不是万能的，不能期望几次广告后就一定会招来大批消费者。不过体育广告经营单位对企业应诚信，不管广告效果如何，都要把消费者的反映和具体情况主动、及时反馈给企业，成为企业信息来源的一条渠道。当然，还可以主动为企业向消费者推销产品，成为企业推销产品的一个助手。

（5）"变通"处理。所谓"变通"就是指以较灵活的方式帮助企业解决想做广告但经费一时难以支付的问题。对这种情况，完全可以采取缓交或分期交纳广告费的办法，也可以用企业产品冲抵广告费进行变通处理。"变通"是建立在相互信任的基础之上的相互支持和合作的一种形式，因此，"变通"是有原则的，是在政策法规和法律许可范围内的"变"，而不是搞不正之风的"变通"。

二、体育广告的管理

广告管理是广告管理机关依据有关法律，对广告宣传和广告经管活动进行的引导，其目的在于保护合法经营、维护消费者利益、维护正常的经济秩序，并以此保证我国广告事业健康发展。

（一）对广告宣传的管理

广告宣传是指广告客户，包括工商企业、机关团体、公民个人等为达到某种目的，通过一定的媒介或形式向社会公开传递信息的行为。对广告宣传的管理实质上是对广告客户的管理，管理的核心是保证宣传内容的真实、可靠、合法。根据《中华人民共和国广告法》的有关规定，广告客户须保证宣传内容、材料是真实的、合法的，必须交验有关权限资格证明及产品质量认证书、合格证，广告的内容必须真实、健康、清晰，不得以任何形式欺骗用户和消费者。广告禁止刊登以下内容：违反我国法律、法规的；伤害我国民族尊严的；有中国国旗、国徽、国歌标志、国歌音响的；有反动、淫秽、荒诞内容的；弄虚作假的、贬低同类产品的等。

（二）对体育广告经营的管理

我国的体育广告业尚处在发展和完善过程中，许多具体的管理制度、管理办法还需要进一步研究和探讨，国家发布的《广告法》是体育广告经营管理必须遵循的基本法规。为了保障体育广告的正常经营活动，对体育广告的经营活动要加强管理，举办体育广告经营活动的单位必须编制体育广告经营活动计划，报省、自治区、直辖市工商行政管理局或其授权的地市级工商行政管理部门批准，大型国际比赛体育广告经营活动必须报国家工商行政管理部门批准，工商行政管理部门对体育广告经营活动计划要严格审查。体育广告经营活动计划的内容包括举办体育广告经营活动的理由和名目，体育广告的项目、费用预算总额和用途，体育广告的收费标准，体育广告宣传的具体实施方案及上级主管部门批准经营体育广告活动的函件等。

体育广告的具体收费标准在工商行政管理部门批准的流程内，本着收支平衡略有节余的原则，由广告经营单位与广告宣传单位确定，开展体育广告经营活动。

应讲究效益、勤俭节约，不得肆意加重企业的负担。

举办体育广告经营活动的单位，对广告费的收发，须加强管理，单独核算，按照批准的计划专款专用。如有剩余，必须纳入举办单位收入总额，按国家财务制度的规定执行，不得私分，或用于请客、送礼开支。广告费的收支情况年终都要报送有关部门。

三、对体育广告经营活动的具体管理办法

（1）经营体育广告业务，属国际或全国性的，须纳入国家体育总局年度体育比赛计划，经国家市场监督管理总局批准；未纳入年度计划的，由国家体育总局临时提出计划，报国家市场监督管理总局核准。属地方性的，须纳入省、自治区、直辖市市场监督管理局核准。

（2）体育广告必须由持有营业执照的体育中介服务公司或广告公司代理。外商来华广告必须由经批准代理外商广告的广告公司或体育中介服务公司代理。主办单位不得直接承办或代理外商来华广告。

（3）承办国内体育广告的代理费，不得超过广告费的10%；承办外商来华广告的代理费，不得超过广告费的15%。

（4）代理体育广告业务的单位必须严格审查广告内容，对不符合我国广告管理法规的广告不得接受。

（5）对国际体育组织在我国举办比赛活动统一承揽的广告，国内主办单位或其委托的广告代理单位必须按照我国广告法进行审查。凡不符合规定要求的，应提前通知对方变更，否则不得发布。

（6）体育比赛不得使用烟酒企业名称和商标名称冠名，个别需要使用的须经国家市场监督管理总局批准。不允许利用比赛场馆的横幅、立牌、记分牌及比赛用的器械、成绩册、秩序册及体育宣传品为媒介为卷烟、烈性酒企业名称或商标做广告。禁止以礼品、纪念品馈赠实物为媒介做卷烟、烈性酒广告。

（7）企业赞助的广告性服装、体育器械、体育用品、纪念品等实物，只能用于体育活动，不得销售。

（8）经国家体育总局批准举办的重大国际、国内体育活动，主办单位对体育场馆原有广告可临时覆盖或迁移，场馆及广告客户不得向主办单位索要补偿。

（9）全国性综合体育运动会，不得使用冠杯广告。其他全国性单项体育比赛，

允许使用冠杯广告。

体育场馆设置国内、国外广告的比例和位置要合理安排，不准用外商广告挤占国内广告。除此之外，体育活动结束 60 天内，主办单位应速将广告费收支结算报送财政、审计机关。广告费的结余经财政部门批准，主办单位可留作下次活动使用，或交省、自治区、直辖市及以上体育主管部门作为体育事业的补充经费，禁止挪作他用。违反以上规定的由省、自治区、直辖市市场监督管理局及其授权的管理部门按《中华人民共和国广告法》及其他有关条例进行查处。

第三节　体育广告的经典案例

当前，体育营销的势头愈演愈烈，以体育活动为载体推广自己的产品和品牌，逐渐成为越来越多顶级品牌的共识，这其中不乏一些广为人知的经典案例。

一、健力宝：广告投放重点赛事，强化品牌运动属性

健力宝无疑是中国体育营销的鼻祖，作为国民运动饮料，健力宝一直都活跃于体育运动领域。

据悉，在 2016 年，健力宝共计投放了 200 场 NBA 顶级赛事，囊括了"圣诞大战""新春贺岁战""全明星赛"三大重点赛事，及其他备受关注的比赛，其中火箭、湖人、勇士等热门队伍的赛事场次占比不低于 50％。

在炙手可热的直播停表环节，健力宝还植入播放其 5 秒的赛中植入广告以及 15 秒的中插贴片广告，"健力宝力量时刻，最佳快攻"响彻赛场。健力宝不但紧紧抓住了这个与消费者沟通的绝佳契机，而且进一步强化了品牌的运动属性。

二、宝洁：打情感牌，把控情感归属

体育营销方面，宝洁一直擅长打情感牌。

2016 年的里约奥运会，宝洁的奥运营销一直以"感谢母亲"为主线，从不同的角度诠释母爱如何伟大。宝洁在里约宝洁"母亲之家"招待合作的运动员和他

们的母亲。

据统计，至里约奥运会结束为止，10 个在国外主流社交网站分享次数最高的奥运主题广告中，"感谢母亲"系列占了 3 个。除了由宝洁总部主导的"感谢母亲"策划案之外，宝洁中国也组织了不少本地体育营销活动。例如，"我就是女生"以女性用品品牌护舒宝的名义发起，宣传让女性积极加入各种体育运动中。活动微博话题量超过 3 亿。

对品牌、体育和消费者之间情感归属的把控，一直是宝洁所擅长的。

三、康佳：球衣外交，深耕家电行业新布局

中超球衣是当下最炙手可热、寸土寸金的广告带，是继新闻联播、春晚后企业拼实力、现金能力对决的新沙场。康佳集团与苏宁易购球队签订赞助意向协议，成为球队胸前广告赞助商。就品牌而言，康佳牵手零售大佬进行体育营销，显然是对品牌活力形象加分点赞，这也与康佳在互联网电视用户运营、内容运营上所处的阶段相当吻合，体育赛事能让康佳在用户运营上开启新的增长点。从业务层面上看，康佳绝非为体育而体育，互联网电视、智能硬件等领域的业务规划与体育赛事等内容有明显的协同效应，之前已经在影视剧、教育、动漫、医疗健康等领域小试牛刀了。

四、倍耐力：洞察用户，直达消费者内心

体育营销具有很强的行业集中性，而轮胎企业绝对是其中的积极分子。单看足球项目，几乎每家欧洲足球俱乐部都有轮胎品牌的赞助商。如果非要从众多轮胎品牌当中挑选一个忠实的体育拥趸，倍耐力应得到更多的选票。

2016 年，倍耐力以别具一格的体育营销理念，与悦跑圈合作，赞助北马线上马拉松活动等崭新玩法，一举抓住了目标消费者的心。

作为全球领先的轮胎制造商，倍耐力一直致力于为消费者带来顶级、安全的产品，以及愉悦、激情四射的品牌体验。同时，倍耐力非常重视消费者的生活体验，激励他们去拥有乐观、自信、充满激情的生活态度。激情、愉悦、乐观、自信……倍耐力对用户的这一切描述，恰恰与体育迷的特质不谋而合。

倍耐力得以为更多消费者带来享受激情四射生活体验的机会，陪伴他们实现

更加平衡的生活状态。同时，形成了直达消费者内心的精准营销。

第三节　体育赞助管理

一、体育赞助概述

所谓体育赞助是指企业（赞助者）和体育部门（被赞助者）之间以支持（金钱、实物、技术或劳务等）和回报（冠名、广告、专利和促销等权利）的等价交换为中心，平等合作、共同得益的商业行为。

体育赞助是一种重要的营销手段。赞助商能够从体育赞助中获得丰厚的投资回报，产生巨大的商业效益。这是广大的赞助商热衷于体育赞助的最重要原因，也是体育赞助在世界范围内得以迅猛扩展的决定性因素。体育营销主要是借助赞助、冠名等手段，通过所赞助的体育活动来推广自己的品牌。现在许多厂商都具有体育营销的意识，认识到体育背后蕴藏着无限商机，认识到体育赛事是品牌最好的广告载体，投资体育产业的企业也获得了极好的回报，声名远扬。体育营销和明星推广已成了大众认同度最高的两大市场推广策略。可以说，体育营销最集中的体现了品牌推广手段的所有优越性，因而也最具魅力、最受各路厂商的欢迎。①体育赞助的效果自然、易于接受。体育赞助实质上是一种软广告，但是由于广告并不单独出现，因而商业性及功利性不像硬广告那么明显。②体育赞助沟通对象面大、有针对性。在重大比赛现场，观众动辄成千上万，媒体受众更是不计其数，即使一些地方性的赛事，只要组织得好，观众也会十分踊跃，因此非常有利于企业与目标对象进行有效的沟通，达到事半功倍的效果。许多世界著名的公司就是借助体育赞助实现他们的全球营销战略的，自从商业活动介入体育领域后，体育赞助已经成为公司企业的一种重要的营销手段。

二、体育赞助的分类

为便于对体育赞助营销进行研究和运作，需要将体育赞助进行分类，通常有如下几种分类方法。

（一）按具体内容分类

从具体内容来看，体育赞助有实物赞助、现金赞助和技术赞助之分。

实物赞助：当赞助方的产品与体育活动或赛事的需求直接挂钩时，大多数赞助商会选择实物赞助。因为这种情况下，实物赞助远比其他方式的赞助效果好，它可以让产品与消费者进行零距离的接触，使消费者充分地了解产品的性能。实物赞助是体育赞助中赞助商通常使用的一种方式，也是最实用、最直接的一种方式。

技术赞助：一般出现在技术含量较高的体育赛事中。技术赞助从某种程度上也可以理解为赞助商向赞助需求方提供优质和免费的技术服务。

（二）按赞助性质分类

从赞助性质来看，体育赞助有冠名赞助、独家赞助、指定赞助、联合赞助之分。如冠名赞助就是直接以企业或产品的名称作为体育赛事的主题名称，如"飞利浦中国大学生足球联赛""安踏全国极限精英赛"等。这类赞助使企业或产品的名称直接与体育赛事挂钩，能取得很好的宣传效果。

三、体育赞助的形式

（一）媒体节目（栏目）赞助

体育比赛的电视转播或评论节目常会获得相关产品制造商的青睐，广告品牌机构赞助形式包括节目冠以品牌名特约播出，节目背景的大幅品牌标识宣传等。而报纸媒体使用较多的形式为"金牌榜""特约刊登"等冠名，这种节目赞助形式更像"搭售"，消费者在关心体育新闻的同时，无意中反复触及商品品牌。

如果观众认可这个节目，并且节目与赞助商形象也比较匹配的话，他们会很自然地接受节目的赞助商。比较长期、稳定的赞助关系，易使受众对品牌产生肯定感，观众对节目的情感愈深，这种作用愈强烈。节目赞助的独特性在提升品牌知名度和品牌形象方面作用显著，只是厂商必须随时监控目标受众对此节目的接受度变化，以免影响品牌形象。

案例："生力"啤酒特约刊登

1996 年"生力"啤酒成为中国奥运会指定赞助商，为了配合本次赞助活动，"生力"啤酒开展了一系列的活动，其中有"上海人民为中国奥运健儿壮行"的签名活动。此外，"生力"啤酒在上海的《新民晚报》上以"特约刊登"的赞助形式出现在整个奥运会期间。当时，在亚特兰大奥运会上，发生了中国射击运动员王义夫在以 3.8 环的优势遥遥领先之际，却被严重的头晕和虚脱折磨得几乎休克的事情，这位永不言败的射击运动员以顽强的毅力打出最后一枪，仅差 0.1 环与金牌失之交臂。"生力"啤酒及时特约刊登了关于王义夫的报道，并特别制作了"打 6.5 环，还是'冠军'"的整版广告。

这是一个比较成功的"全方位"赞助实例。所谓"全方位"是指通过赞助、媒体广告、特约刊登、公关活动等几种形式的组合来强化企业的赞助宣传，这种做法不但使企业的赞助投资能够产生更大的整合效应，而且，强化宣传所带来的品牌知名度能够在较短的时间内与"热点"一样引人注目。

（二）球队赞助

有人戏称风靡全国的足球甲 A 联赛为"企业联赛"。赞助一支球队可以使企业的品牌迅速闻名全国，这是企业钟情于球队冠名赞助的主要原因。随着赛事的进展，企业形象、产品名称"印痕"般地刻在千万观众的脑海中，这是其他广告形式难以达到的效果。

案例："立顿"协同赞助"上海喜力网球公开赛"

"喜力"啤酒获得了上海网球公开赛的冠名权，同时参与此次赞助项目的还有"立顿黄牌精选红茶""开利空调""来格仁服饰""雷达手表""海仑宾馆""美国联合航空公司""宾士汽车""加德士机油"。显然，"喜力"啤酒的赞助费用要比其他几位赞助商高得多了。要使企业已投资的赞助费用产生更大影响，必须要环绕所赞助的赛事充分做"文章"。在此，有一个很不错的实例，值得其他企业借鉴："立顿黄牌红茶"作为"喜力网球公开赛"的协助赞助商，本来很容易就被默默地淹没在众多的赞助商名单中，充其量只可以在赛场上挂上企业品牌的广告牌而已。然而，"立顿"在此通过"立顿黄牌的网球旋风"这种软广告形式，尽显了网球赛事赞助商的风采，"立顿人也爱打网球"，消费者在感受"喜力"影响的同时，也不会忘记"立顿"的形象，不过"立顿"为此付出的代价要比"喜力"小得多了。

四、体育赞助的案例

李宁品牌最有名的一句广告语就是"一切皆有可能"，而李宁公司也通过自己在过去14年中的努力成就了许多可能。今天的李宁品牌已经是中国本土体育用品行业当之无愧的第一品牌，并且在本土市场也已经有能力与来自国际市场的世界巨头抗衡。

值得注意的是，李宁品牌多年来的成长历程一直是与体育赞助活动密不可分的，李宁品牌以往每一次的经典成长瞬间几乎都有体育赞助的身影，而2008年北京奥运会的召开提供了巨大的机会，李宁公司对此也显示出莫大的信心，这也是体育赞助活动推动李宁品牌走向世界的步伐中提供了一个明显的加速度。缘于产品属性，体育产品行业与体育赞助产生姻亲关系似乎是一件再自然不过的事情，但是，对天然工具的合理利用依然是体育产品行业首先应研究的课题。李宁体育用品有限公司的市场总监伍贤勇在接受记者采访时，认可关于体育赞助是李宁品牌推广的最主要方式之一的说法，也向记者分析了关于李宁公司运用体育赞助推动品牌发展的理论模型。

如果说体育赞助活动与体育产品品牌之间的关系可以用"姻亲"一词来形容，那么究竟是何原因使体育赞助活动对体育产品品牌提升产生巨大作用呢？伍贤勇用一个金字塔模型进行了直观的解释。他说："体育运动的人群中有一个规律，我们可以用一个金字塔来表示，处在金字塔最顶端的是国家级的运动队，下面是专业运动员，再下面是运动爱好者，最下面是普通消费者。而从体育产品行业的内在运营规律来讲，体育品牌的影响力是从上往下的，国家队使用的一些装备、服装会影响下面的专业队，而且对体育爱好者和普通消费者都会有示范的作用。每当我们赞助了国家队或者国家级运动员，对我们的目标消费者的影响是巨大的。这也就是我们会充分利用体育营销，抓住体育赞助这个工具的原因。"

除了行之有效的商业示范推广作用之外，关于企业使命的感知也是李宁公司广泛参与体育赞助活动的原因之一。伍贤勇说："这种使命感中间包含两个层面。首先一个是，李宁董事长是世界冠军，从他的性格来说，做什么都喜欢获胜，这也就成了贯穿我们公司的一个价值观，就是做什么我们都想成功；另外一方面就是我们对中国体育的感情和广泛的体育赞助活动也成了李宁公司社会责任感的最佳体现。"中国的人口比美国多得多，但是中国的体育产业只有美国的2%。这个悬殊的对比来源于经济发展水平，也来源于生活习惯，而从事体育运动的习惯是提高国民素质的重要途径之一。伍贤勇认为："李宁公司的高速发展和中国社会经济的高速发展是相吻合的，我们对体育的理解一直是本着'源于体育，用于体育'这个信念，我们希望通过我们在社会公益领域和体育领域的投入，真正激发潜在于中华民族的那股莫大力量，这是我们的使命，也是李宁先生很民族化的一个想法。"

做好一个品牌包含三方面的内涵：品牌、产品和渠道，而李宁公司目前进行品牌推广的主要手段除了体育赞助之外，还有电视广告和户外广告。伍贤勇介绍李宁公司青睐这两种推广方式的理由是：在中国市场上，在消费品领域对消费者影响最大的就是电视媒体，而在一些商圈和体育场馆做户外广告也是李宁公司经过认真考虑认为对自己帮助比较大的。

最近1~2年中，李宁公司对篮球和足球赛事的赞助活动明显增多了。2003年2月，李宁公司与中国足球名将李铁等人签约代言产品，并且很快在产品研发方面进行跟进，推出了"铁"系列专业足球鞋。篮球方面，也与国家队的几名主力及阿迪江教练签约，2003年12月，李宁还赞助了中国奥运男篮希望队。通过在体育赞助这个有效的市场工具上的方向变化，我们也可以感知李宁公司在产品方向上正进行一次比较大的改变，他们把目光更多地锁定在了篮球与足球的专业市场上。

伍贤勇解释这种转变是结合李宁公司的目标而进行的。他说，可以说以前李宁牌给大家的印象是一个介于休闲和运动之间的品牌，李宁的产品有大众化的特征，但是一个体育产品品牌要真正成为一个强势品牌的话，专业性方面就需要有很大提升。李宁品牌的目标是要成为一个世界主流的体育品牌，而要成为主流的品牌就要进入一些最主流的运动项目。目前，不管是在国际上还是在中国，篮球和足球都是最广泛受众的体育领域，所以这两年李宁公司就加强了对这两个领域的赞助。在与世界超级体育品牌的竞争方面，李宁公司在篮球领域主要的竞争对手是耐克，在足球方面是阿迪达斯，而李宁公司的目标是在中国市场的这个领域争取做到前三名。